La Historia de Mi Vida

Un Testimonio de la Gracia y Fidelidad de Dios

Becky Lynn Black

Energion Publications
Gonzalez, FL
2014

Derechos de Autor © 2014, Becky Lynn Black

This edition is translated from the English edition of My Life Story (Gonzalez, FL: Energion, 2014) written by Becky Lynn Black with some adaptation to the Spanish language.

Esta edición es traducida de la edición en inglés de My Life Story (Gonzalez, FL: Energion, 2014) escrito por Becky Lynn Black con alguna adaptación al idioma español.

Los pasajes Bíblicos han sido tomados de la versión Reina-Valera © 1960 Sociedades Bíblicas en América Latina; © renovado 1988 Sociedades Bíblicas Unidas. Utilizado con permiso. Reina-Valera 1960™ es una marca registrada de la American Bible Society, y puede ser usada solamente bajo licencia.

La colcha en la portada fue hecha por Becky para su madre en Agosto del 2008. La dedicación indica: "Hecha con amor y apreciación para mi madre. Becky. Números 6: 24-26". La colcha ahora está orgullosamente colgada en la sala de la Sra. Lapsley en su hogar de Dallas.

ISBN10: 1-63199-111-6
ISBN13: 978-1-63199-111-0
Library of Congress Control Number: 2014957268

Energion Publications
P. O. Box 841
Gonzalez, FL 32560

http://energion.com
pubs@energion.com
850-525-3916

Prólogo del Editor

El prólogo del editor tiene la intención de decirle la razón por la cual publiqué este libro y la razón por la cual usted debería leerlo. Voy a saltearme eso. Le voy a decir por qué usted debería actuar en respuesta a este libro.

Becky Lynn Black no era la clase de persona a la que normalmente se le da reconocimiento en una autobiografía. Ella no era la presidenta de un ministerio. Ella no dirigía la administración de una iglesia. Ella no era una celebridad.

Pero por la manera en la que Dios da importancia en Su reino, ella era extraordinaria. Ella encontró aquello que sí cuenta, su posición como sierva. Ella dijo "sí" a Jesucristo, y ella supo que ese "sí" significó más que un pasaje al Cielo. Esto significó una vida de servicio en respuesta al llamado de Dios.

Hacia el final de su peregrinación (¡y ella sabía que era una peregrina!) aquí en la tierra, ella tomó el tiempo y la energía para contar su historia, la historia de Dios trabajando en y a través de ella para cambiar muchas vidas alrededor del mundo. Ella dio testimonio de su creador y su redentor. El salmista nos desafía a no esconder las grandes obras de Dios de las generaciones que vendrán (Salmos 78:4), y Becky obedeció.

He pasado una gran cantidad de tiempo leyendo y meditando sobre Hebreos 11, la lista de honor de la fe, como usualmente se llama. Si tú lees las historias de esta gente, encontrarás que son un grupo bien variado. Pero tienen una cosa en común: Cuando Dios llamó, ellos respondieron. Al final, podría decirse que por esa razón, de ellos "el mundo no era digno" (Hebreos 11:38).

Por supuesto que deseo que leas este libro. Pero lo que es más importante es que usted actúe en respuesta a él. Y que cuando usted haya actuado, de testimonio, ya sea a uno o a miles.

¿Responderá usted al llamado de Dios?

Henry E. Neufeld
6 de Febrero del 2014

Agradecimientos

Al ser esposo de Becky, estaba entusiasmado cuando ella decidió escribir la historia de su vida. Mientras que ella terminaba cada capítulo, yo editaba el estilo pero dejaba el contenido esencialmente como salía de sus manos. Hacia el final de la vida de Becky, cuando ella se volvió muy débil para escribir en la computadora, nuestras hijas Karen y Matthea tomaron dictado y luego me enviaron la transcripción para la edición final. Mi asistente personal, el Sr. Jacob Cerone, al igual que mi hija Liz, ayudaron en la edición y la revisión. Finalmente, el Sr. Henry Neufeld de Energion Publications ofreció muchas útiles sugerencias que mejoraron la calidad del libro, y la Srta. Fiorella Polo hizo la traducción del inglés al español. A todos ellos les ofrezco mi más sincero agradecimiento.

Soli Deo Gloria.
David Alan Black

Tabla de Contenidos

Prólogo del Editor iii

Agradecimientos iv

Introducción 1

1   El Principio al Principio 3

2   Fortalecida a través de la Dificultad: Creciendo en Etiopía 19

3   Doblándome a Su Manera 35

4   Dallas: Los Años de Primaria y Secundaria 35

5   Recién Casados 49

6   Maternidad 65

7   Mayordomía Aplicada (Profesiones) 73

8   Ministerios en los Estados Unidos 85

9   Ministerios en el Extranjero 101

10 Mentiras, mentiras, mentiras 127

11 Los Últimos Años 139

Post scríptum: David Alan Black 157

Introducción

La Historia de Mi Vida

No todos los días una persona ordinaria escribe una autobiografía. Supongo que las personas escriben sobre sí mismas por razones diferentes. Mi deseo de escribir vino no mucho después de ser diagnosticada con cáncer uterino. No se esperaba que viviera por mucho más tiempo, y tenía la urgencia de hacer tanto como pudiese para hacer un impacto en el mundo para Cristo y Su Reino.

Al principio de nuestra experiencia con el cáncer, mi esposo Dave y yo decidimos vivir de acuerdo a la verdad y la transparencia. Abrazaríamos toda la verdad (ambas física y espiritual), y seríamos transparentes. La verdad estaba para ayudarnos a nosotros mismos; la transparencia estaba para ayudar a otros.

Dios ha bendecido esta orientación y compromiso. A pesar de que hemos ocasionalmente recibido correos electrónicos criticándonos por alguna razón, en general la respuesta de la gente ha sido de apreciación y apoyo.

Y es así que empiezo esta autobiografía con el mismo enfoque: diciendo la verdad en la medida de mis capacidades, y siendo transparente contigo.

Mi meta es simple: Que Jesucristo sea alabado, y así Él pueda traer hombres y mujeres hacia Sí mismo, para que Él pueda generar santidad en sus vidas.

Mi vida no ha sido perfecta. ¿Existirá tal cosa? No pretenderé que lo ha sido. Mi vida ha sido bendecida de muchas maneras, pero también ha sido tocada por el pecado, como todas lo son. Encontrarás ambos las bendiciones y el pecado.

Mi esperanza es que, en estos capítulos, veas a un Dios que sabe, que ama, y que redime nuestras vidas de la destrucción. Si hay algo bueno que puedas encontrar en estas páginas, o que venga a tu vida a través de estas páginas, toda la alabanza va para Él, quien me ha conocido, me ha amado, y me ha redimido de toda destrucción.

1 El Principio al Principio

Desde el Pasado de la Eternidad

Siempre había pensado del ministerio como un acto de servicio al prójimo. Para empezar desde el principio de mi vida, tenemos que empezar en el pasado de la eternidad. Efesios 1 y Salmo 139 son dos de los muchos pasajes que hablan específicamente sobre el ordenamiento de la creación del Señor. Mi lugar en Su universo fue puesto en el pasado de la eternidad, mucho antes de que Él tomara acción en cualquiera de Sus planes, mucho antes de que Él pronunciara la existencia del mundo, del sol, la luna y las estrellas, y de los animales, las aves y los peces. Incluso antes de que Él trabajara en la creación de Adán y Eva, yo ya estaba en Su mente.

Este es el caso de todos. Es cierto de mí y es cierto de ti. Por la gracia de Dios, Él confirmó esta verdad en mí ser más íntimo a una temprana edad, y ha sido un ancla para mi identidad. No es que yo solamente haya "sucedido". Yo no fui una consecuencia natural de las acciones humanas. Yo no fui un "evento" en las vidas de mis padres. No, Dios específicamente optó por crearme, Becky Lynn Lapsley Black. Su amor hizo esta elección, por lo que Él sería capaz, a través de ése amor, de magnificar su gloria. El amor que Él mostró al crearme a mí ha sido una establecida realidad para mí durante toda la vida.

Mientras escribo, pienso en las muchas colchas que he hecho durante todos los años. Cada colcha comenzó como una idea que fue formada por mi propia personalidad: sus colores, su tamaño y su estilo. Todo acerca de cada colcha era una expresión de mí y de mi deseo de servir a los demás. Mientras que trabajaba en cada colcha, eligiendo las telas, cortando y cosiendo la parte superior, y cuidadosamente entretejiendo a mano la colcha día tras día, me entregué en cada colcha. Cuando terminaba, yo siempre firmaba, ponía la fecha, e incluía un pasaje de las Escrituras en la esquina del reverso. Le ponía mi nombre a mi creación. Los pocos que me conocían bien podían identificar una historia en mi vida que se relacionaba con la colcha. Aquellos que me conocían poco podían mirar a una de mis colchas y ser capaces de identificarla como mía; se "parecía" a mí. Los que no me conocían en lo absoluto admirarían la obra, pero no era hasta que volteaban la colcha que podían leer mi nombre e identificar al creador de la obra.

Y lo mismo ocurre con la "colcha Becky Lynn Lapsley Black" hecha por el Señor Jesús. Desde su mente y corazón, de acuerdo con Sus deseos y para Sus propósitos, fui planeada y creada en el lugar y momento "perfectos" en la historia. El Rey David tuvo este mismo sentir de su destino. En el Salmo 139 le dice a Dios:

> Porque Tú formaste mis entrañas;
> Tú me hiciste en el vientre de mi madre.
>
> Te alabaré; porque formidables,
> maravillosas son tus obras;
> Estoy maravillado,
> Y mi alma lo sabe muy bien.
>
> No fue encubierto de ti mi cuerpo,
> Bien que en oculto fui formado,
> Y entretejido en lo más profundo de la tierra.
>
> Mi embrión vieron tus ojos,
> Y en tu libro estaban escritas todas aquellas cosas
> Que fueron luego formadas,
> Sin faltar una de ellas.
>
> ¡Cuán preciosos me son, oh Dios, tus pensamientos!
> ¡Cuán grande es la suma de ellos!

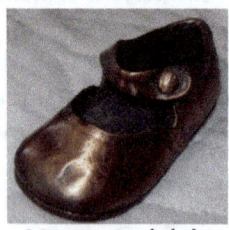

Mi zapatito de bebé, 1954.

Mientras que Dios planeaba y creaba mi cuerpo y personalidad de acuerdo a Su amor y propósito, así también Dios planeó llamarme a ser Su hija. El 12 de Mayo de 1953, mi cuerpo nació en este mundo, pero mi espíritu estaba muerto. Las Escrituras enseñan que al nacer, estamos "muertos en nuestros delitos y pecados". Tenemos la habilidad física para comunicarnos con nuestros semejantes, pero no tenemos la habilidad para comunicarnos con Dios. El pecado de Adán y Eva le ha robado a cada persona nacida de mujer; sus pecados son heredados por cada persona, y su destierro del Jardín de comunión con el Creador también es heredado.

Las Escrituras enseñan que el corazón de Dios desea acoger a cada persona dentro de Su familia espiritual. Él no desea que ninguno sea expulsado fuera de Él. Su corazón es uno de amor por cada ser humano. Y Él hizo un camino, sacrificando Su pertenencia más preciada, Su propio Hijo amado, para que aquellos que Él amó y a los que dio existencia pudieran tener un camino a Su mesa y hogar.

Pero, ¿cómo pueden las personas muertas levantarse, caminar y encontrar el camino a la mesa del Padre? Es imposible, a menos que el Padre les despierte, respirando la vida espiritual en ellos, y causando que ellos elijan el camino que Él ha provisto.

Yo no pretendo entender la doctrina de la predestinación. Hay muchas cosas acerca de Dios y Sus caminos que yo no entiendo. Esta brecha en mi entendimiento nunca me ha molestado. Sé que el día que lo entienda todo acerca de Dios y Su camino será el día que Él dejará de estar por encima de mí, y dejará de ser Dios. Sí, Él me permitió pensar, evaluar, considerar y juzgar. La práctica de estas habilidades, sin embargo, se deben hacer en humildad. Parte de usarlas correctamente es aceptar la realidad de sus limitaciones.

Algunas personas sienten la tentación de deshacerse de todas las palabras de Dios, porque no pueden entender algunas de ellas. Los científicos, historiadores y otros especialistas aceptan sus limitaciones. Cuando se trata sobre el estudio de Dios, ¿por qué no estamos dispuestos a aceptar las limitaciones? Estoy continuamente sorprendida del orgullo de la humanidad en el trato con el Todopoderoso. Es sutil, pero está ahí: "Si no me parece que tiene sentido, entonces no lo acepto".

Personalmente, nunca he tenido problemas con la veracidad de las Escrituras o al Dios vivo que presentan. Yo les creo, y yo vivo en la fe. Cada persona debe vivir por fe. A medida que cada persona llega a la edad adulta, él o ella debe elegir a quién o en qué confiar. La gran mayoría de la humanidad elige su propio juicio o las normas de la sociedad. La mayoría decide por defecto, sin darse cuenta de que están tomando una decisión.

A medida que surgen las tormentas de la vida, la base sobre la que nos paramos, la base de la verdad que hemos escogido, el sistema de creencias que hemos acogido es probado. Es solo cuestión de tiempo antes de que todos los falsos sistemas de verdad, que son sistemas de mentira del maligno, nos fallen. A veces, ese evento ocurre al principio, y deja a la gente desilusionada, desconfiada, deprimida, enojada, cínica y con la espalda vuelta contra Dios en rebelión. A veces ese evento crea un completo cambio de paradigma de un sistema de creencias a otro. Salir de un bote salvavidas que tiene una fuga para alcanzar a otro igual puede dar una sensación temporal de seguridad, pero es solo una cuestión de tiempo antes de que el próximo trauma en la vida muestre que el segundo bote salvavidas es igual de tan poco fiable.

Hay muchas cosas que no entiendo de mi Padre. ¿Cómo es que Él crea a tanta gente? ¿Cómo es que ama a cada individuo personalmente y completamente? No entiendo cómo es que Él desea que ellos tengan una relación con Él, cómo es que Él ha hecho un camino para que ellos lleguen a Su mesa, y sin embargo Él respira Su Espíritu a solo un grupo selecto, de modo que puedan surgir y llegar a Su mesa.

Las Escrituras enseñan esto acerca de mi Padre. No lo entiendo, pero lo acepto. Y un día, cuando esté a su lado sin el residuo del pecado bombardeando mi forma de pensar, lo entenderé completamente. ¿No es esto lo que 1 Corintios 13:12 enseña? "Ahora vemos por espejo, oscuramente; mas entonces veremos cara a cara. Ahora conozco en parte; pero entonces conoceré como fui conocido".

Estoy contenta de saber que un día lo voy a entender. Estoy contenta de vivir en un periodo de tiempo con una comprensión incompleta de Él y Sus caminos. En realidad, es una bendición que no pueda comprender todas las cosas acerca de Él. Si lo hiciera, tendría una completa comprensión de lo vasto, mucho más allá de la descripción, y cuan ancho que es el abismo entre nosotros a causa de mi pecado. Vería la horrible fealdad de lo que soy; el hedor de mi pecado me derrotaría e inmovilizaría.

Pero en Su gracia, Él me ha dado solo una medida de la comprensión tanto de mi pecado y de Su camino, por lo que no estoy abrumada. Esta medida incluye el hecho de que Él me eligió desde el pasado de la eternidad no solo para llegar a existir físicamente, pero también para ser vivificada espiritualmente, purificada por el

Hijo, y hecha apta para sentarme con el Padre en Su mesa. ¿Por qué eligió darme Su vida? De los miles de millones de personas en esta tierra, ¿por qué yo? Yo nunca lo sabré, excepto que de alguna manera él decidió que a través de esta persona sencilla Su gloria pudiera brillar, y que Su propósito en la creación sería satisfecho.

Mi Nacimiento Espiritual

Hace años, cuando yo hacía colchas, empecé por diseñar la colcha en papel. Luego iría a un inmenso almacén lleno de telas y confecciones. Ahí pasaría horas considerando todos los tipos de tela. Simplemente miraría la textura, el peso, el color, o el diseño de la mayoría de la tela; serían rápidamente descartados, porque no encajaban con la idea de la colcha que tenía en mi mente. Yo sacaba unas pocas piezas de los estantes y las consideraba más cuidadosamente, jugando con ellas en mi cabeza. Algunas piezas serían juntadas para ver como encajarían una con la otra. Al final, de todas las miles y miles de barras dobladas de tela, dejaba la tienda con solo un puñado, segura que estas pocas seleccionadas cuidadosamente cumplirían con la imagen de la colcha que existía solo en mi mente y corazón.

En mi nacimiento, yo era una de los miles y miles que nacen en todo el mundo. Yo nací con un cuerpo sano y una personalidad burbujeante de acuerdo al plan de mi Creador. Pero yo, como todos los demás, había nacido espiritualmente muerta. Aunque en mi cuerpo la habilidad de desarrollar el habla, el movimiento, y la agudeza mental existían, no había la habilidad de desarrollarme espiritualmente. Estaba condenada desde el nacimiento a ser un cadáver andante. Este era el precio de ser humano, de ser un descendiente de Eva. No hay cantidad de maquillaje, ropas de lujo, buen vivir, o educación que pueda cubrir ese hecho. Pero Dios, en Su misericordia, por razones desconocidas para nosotros, me escogió para que fuese de Él. Él respiro dentro de mi alma el aliento de vida. El oxígeno del Cielo se infundió en mí ser, despertándome a la realidad, dándome fuerzas para levantarme, y dándome la energía para servir los propósitos de Dios.

Al igual que con los nacimientos físicos, mi nacimiento espiritual tuvo lugar después de un periodo de tiempo. El tiempo de mi nacimiento espiritual vino temprano en el verano de 1958, justo después de mi sexto cumpleaños. El periodo gestacional fue marcado por el amor de mis padres y mis abuelos, por las muchas oraciones al Padre de mi parte, por muchos profesores en el Señor, y por un hogar seguro y feliz. Aprendí primero sobre el amor del Padre por mí, como fue demostrado en mis padres y enseñado por muchos adultos Cristianos alrededor mío.

Mi nacimiento espiritual sucedió mientras teníamos permiso de ausencia de Etiopía. Tuvo lugar un día poco después que retornáramos de la Escuela Dominical. Después de atender al servicio de la Escuela Dominical en la Iglesia Bíblica de Gracia, manejamos desde el Norte de Dallas al área del Lago Roca Blanca en Dallas, y nos reunimos alrededor de nuestra mesa para la cena del domingo. Mis padres, Brad y Betty Lapsley, y cuatro niños, de edades seis, cuatro, dos, y seis meses, nos sentamos para la cena. En medio del ligero caos pregunté, "Papi, ¿cuándo puedo preguntarle a Jesús que entre en mi corazón?" Mi pregunta al parecer surgió de la nada.

Nuestra familia cuando nací espiritualmente en la familia del Padre, 1958.

Como lo recuerdo, no hubo ninguna discusión de temas espirituales en la mesa, pero mi mente estaba cubierta por un sentido de necesidad espiritual. Estaba abrumada por una absoluta inhabilidad de "ser buena". Yo conocía mi corazón. Yo sabía que mis pensamientos estaban muy lejos de los de Dios. Los míos eran egocéntricos. Yo, yo misma, y solo yo, eran mis dioses. El egoísmo gobernaba todos mis días. Eso no significa que yo siempre era rebelde, y no significa que yo no amaba a los demás. Pero si estaba en una situación donde necesitaba hacer una elección, indudablemente elegía mis propios deseos sobre las necesidades y los deseos de los otros.

Incluso los niños saben qué es lo que se esconde en sus corazones. Ellos no podrán definirlo en palabras, o explicarlo en debates teológicos, pero sí lo saben. Las Escrituras enseñan que Dios ha escrito en nuestra conciencia que estamos alejados, y que Él nos ha mostrado Su presencia a través de Su creación. Mirando a las estrellas, vemos Su vasto poder y grandiosidad. Mirando a las flores silvestres, vemos Su intimidad y mansedumbre. Por esta razón estamos "sin excusa". Incluso un niño puede actuar en base a la conciencia de su pecado y de su justa separación de un Dios santo. Hasta un niño puede seguir el rastro de la creación para sentarse a los pies del Creador en amor y provisión.

"Bueno, tú puedes preguntarle a Él en cualquier momento", Papi respondió. Lo tomé literalmente, y empecé mi oración a mi Creador en la mesa en medio de nuestra comida familiar. "Espera, ¡hay que hacerlo juntos!" él respondió. Fue un momento especial para mis padres el poder observar a Dios dar a luz a su primera hija dentro de Su familia, así como Él la dio a nacer dentro de la suya.

Mamá y Su Familia

Yo era una "bebé de luna de miel". Mi madre había venido de Miami, Florida, al Instituto Bíblico de Dallas. Ella era relativamente una nueva Cristiana, habiendo sido traída al Padre a través de un grupo de vida de la escuela secundaria. Ella quería estudiar las Escrituras. Su corazón estaba tan abierto a Dios, tan tierno en simplicidad. Ella era muy hermosa. Ella era una persona confiada por naturaleza, y Dios le suplió consejeros devotos que la guiaron espiritualmente. Sus padres eran cristianos nominales. Su madre tocaba el órgano para la Primera Iglesia Presbiteriana en Miami por muchos años. Ella había querido ser una enfermera, pero su padre no lo aprobó. En vez de eso, ella estudió el órgano en la universidad, durante un tiempo donde las mujeres no asistían usualmente a la universidad. Ella era también una talentosa costurera, y hacía todos los trajes para el Ballet de Miami. Ella amaba el aire libre y cultivaba rosas, muchas de las cuales ganaron premios en la Feria del Estado de Miami. Ella era eficiente; mi madre a menudo comentaba en la eficiencia y productividad de la Abuelita. Ella también muchas veces dijo que yo tenía mucho de la personalidad y talento de la Abuelita.

El Abuelito, el padre de mi mamá, era un banquero de oficio. Él administró varios bancos a lo largo de su vida. Mamá describía como, cuando ella era una pequeña niña, ellos entrarían en el carro de la familia, manejarían desde su pequeño pueblo en Alabama hacia el área financiera, tendrían un picnic, luego irían al banco, retirarían todo el dinero en efectivo que el Abuelito necesitaría para operar su banco durante la semana, y se apresurarían de vuelta a casa para poner el dinero dentro de la bóveda del banco. Lastimosamente, la Depresión cerró el banco del Abuelito, resultando en la mudanza de la familia a Miami.

El Abuelito amaba pescar. La única memoria que tengo de él es cuando fuimos a pescar a mar profundo juntos – solos él y yo en un bote pescador de tamaño mediano, saliendo de Miami. Este viaje fue poco después de mi nacimiento espiritual, en el verano de 1958. Él falleció un par de años después cuando estuvimos en Etiopía. Espiritualmente, el Abuelito no tenía tiempo para su Creador y Redentor, él era autosuficiente. Pero en su lecho de muerte, una amiga de mamá lo visitó. Otra vez ella le contó de su necesidad espiritual y de la provisión de Dios. Mientras que yacía moribundo, él se dio cuenta de que no era tan autosuficiente como lo pensó, y él abrió su corazón al Padre. Así que el Abuelito y el ladrón en la cruz están sentados con mi Padre en nuestro Hogar, ambos habiendo sido justificados con Él en su última oportunidad.

Un día, en la capilla del Instituto Bíblico de Dallas (IBD), un misionero habló. Dios movió el corazón de mi madre y en su simple confiado corazón, ella se rindió a Él y a Su llamado de dejar todas las comodidades de América. Ella estaba dispuesta a renunciar al Sueño Americano. Ella sería la embajadora de Dios para aquellos que no sabían de Él más que del incompleto mensaje de las estrellas y las flores alrededor de ellos. La decisión fue hecha en un tiempo cuando los Estados Unidos estaban alineados con un sentido de fuerza y optimismo. La guerra de Hitler había terminado, y las fábricas de los Estados Unidos resonaban con productividad. El dios del materialismo estaba llamando; haciendo eco a ese llamado estaban los dioses de la comodidad y la seguridad. Esta trinidad a la que llamamos el Sueño Americano esclavizó a muchos, y una generación de cristianos perdió la vista de Su Padre y de Su llamado sobre sus vidas.

He escuchado la historia de Mamá muchas veces. "En esos días, yo vivía con varias otras niñas en una casa, y yo saldría a caminar en el vecindario para tener mi tiempo de oración con el Señor.

Poco después de este tiempo de capilla, le preguntaba al Señor, '¿a dónde debo ir?' El sol se había puesto, pero la luna brillaba. Mientras que caminaba, la luna había hecho una sombra en la forma del continente de África en la vereda en frente de mí. Sentí una confirmación que esta era Su respuesta a mi pregunta. Así que mi corazón se volvió al servicio en África como Su embajadora. Pero no se lo dije a nadie; solo lo escondí en mi corazón".

Papá y Su Familia

Mamá era bonita y femenina. Ella era piadosa, dulce, e inocente. Ella era una dócil y hermosa flor. Muchos hombres jóvenes en IBD estaban interesados en ella. Muchos se propusieron, incluyendo Ty Hunger-ford/Hardin, quien luego se volvió una estrella de cine de películas del oeste, a veces actuando junto a Ronald Reagan. Pero sus consejeros le proveyeron sabio consejo. Aunque su corazón estaba lleno de amor y gentileza para con todos, ninguna de las propuestas era la "correcta".

Luego vino mi papá. Lo que mi mamá tenía en feminidad, mi padre tenía en masculinidad. Él era encantador, galante, guapo, e inteligente. Él era un estudiante en el Seminario Teológico de Dallas, y era un bromista. Él amaba las bromas prácticas. Se le había advertido a mi mamá sobre él, pero de alguna manera terminaron yendo a un rodeo juntos. En su tercera cita, Papá le pregunto a Mamá, "¿irás a África conmigo?" Su propuesta de matrimonio estaba arraigada en su llamado a África como misionero. Ella aceptó fácilmente.

La Abue y el Gran Abuelo, alrededor de 1976

Papi venia de una familia fuerte que era bien conocida en el área de Dallas. Su padre era el Coronel J.B. Lapsley, conocido como el "Gran Abuelo" de cariño. Yo me parezco bastante al Gran Abuelo, y éramos cercanos. Los Lapsley vinieron a América a la mitad de los años 1700s, asentándose en las proximidades sureñas del Valle Shenandoah, cerca de Lexington, Virginia. De hecho, un río se llama la Corriente Lapsley, y se puede visitar la antigua casa de piedra construida en el terreno de los Lapsley en 1973. Desde Virginia, se mudaron a Kentucky, donde ellos hicieron de "granjeros de tierra" por cinco generaciones. El padre del Gran Abuelo murió repentinamente, mientras trabajaba en su campo, dejando al Gran Abuelo, a la edad de doce o trece, con la responsabilidad de cuidar de su madre y hermana inválida.

La familia se mudó a Dallas. El Gran Abuelo se graduó de la escuela secundaria de Dallas, junto a "Grandes Ojos Marrones", como él afectuosamente se refería a su futura esposa, mi abuela. Él trabajó muy duro en su adultez, teniendo una carrera en las fuerzas armadas igual que en el banco. La joven pareja tomó todos sus ahorros y envió al Gran Abuelo al entrenamiento de oficiales al inicio de la Primera Guerra Mundial. En las fuerzas armadas, él tuvo varias posiciones de seria responsabilidad, incluyendo la administración de todos los materiales y tierras aliadas en Corea, y el entierro de todos los soldados estadounidenses en Alamance. Él negó ser ascendido a General porque él prefería permanecer cerca de la acción. En la banca, empezó como conserje y terminó sirviendo como Vice-Presidente, a cargo de todos los préstamos de bienes raíces del Primer Banco Nacional de Dallas. Bromeábamos porque una vez él se negó a darle un préstamo a un hombre; la venganza de este hombre fue llamar a una calle "Calle Lapsley" en el corazón de un barrio pobre de Dallas. En los años 1970 el edificio del Primer Banco Nacional fue el edificio más alto al oeste del Río Misisipi; en la escuela secundaria me encantaba ir a la oficina del Gran Abuelo

Una especial carta para mí del Gran Abuelo, 1973. Note el saludo "Querida Yo". Éramos muy parecidos.

y al mirador en el piso 51. ¡De ahí parecía que podíamos observar todo Texas!

La madre de Papi era una central eléctrica de menos de 1.50 metros de alto. La llamábamos Abue. Ella vino de un fuerte linaje de ancestros – seis de ellos habían estado en el Mayflower (incluyendo al Gobernador William Bradford) – jueces, banqueros, abogados, dueños de ferrocarriles, la sólida capa de la clase alta de la sociedad Sureña.

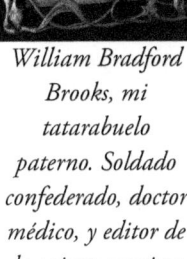

William Bradford Brooks, mi tatarabuelo paterno. Soldado confederado, doctor médico, y editor de la primera revista médica de Texas.

Eran buenas personas que lidiaron justamente con las condiciones de su tiempo. Poseemos varios testamentos y cartas de estas personas. Su humildad, sabiduría, generosidad, y gracia me sorprendía. Los tiempos y condiciones de nuestro día son bastamente diferentes de los suyos, pero es claro que el mismo Dios quien me dio gracia a mí, estuvo ahí para dársela a ellos.

El padre de la Abue era un soldado raso en la Armada Confederada; él sirvió con La Primera Artillería Pesada de Texas, guardando la costa de Texas. Después de la guerra todo se había perdido. El padre de la Abue entró a estudiar medicina y se volvió un doctor prominente en el área de Dallas-Fort Worth. Él fue el editor del primer periódico médico de Texas; el periódico era publicado en el primer piso mientras que la familia vivía en el piso superior.

A la edad de doce, la Abue quedó huérfana. Todos eran pobres en aquel tiempo. A pesar de que su hermana y ella fueron enviadas de hogar a hogar, gran parte de su crianza tomó lugar bajo el cuidado de sus abuelos maternales. La Abuela Wilson nació y creció en los años antes de la guerra, en un hogar que era el epítome de la elegancia Sureña. Ella impartió a la Abue la fuerza que viene de perderlo todo excepto la dignidad, la vida espiritual, y el control propio. Luego de su nacimiento, la Abue pesaba apenas 70 gramos. "Olviden al bebé, tratemos de salvar a la madre", fueron las palabras del doctor. Su madre era Fanny Wilson Brooks, una delicada mujer quien sufría de asma. Tenemos una foto de ella que fue tomada en el día de su boda en un delicado vestido Victoriano, y muchos han comentado que mi rostro se parece al de ella. La Abuela Wilson llevó a la pequeña infante a la casa y la puso en el horno para

La casa donde la Abue creció; la imprenta médica estaba en la planta baja y los cuartos de la familia estaban arriba, alrededor de 1895.

mantenerla caliente. La Abue terminó viviendo 105 años. Durante esos años ella influenció a miles para el Evangelio. Cuando el Señor de la Creación determina la vida, no hay poder que pueda anteponerse a esa determinación. Él es el Señor de la vida y el tiempo.

El abuelo Wilson había venido de la frontera oeste de Missouri; la crueldad de la armada de Lincoln había dejado profundas heridas en estos condados. Frank y Jesse James eran los vecinos del Abuelo Wilson. Ellos asistieron al mismo colegio de un solo salón. El Abuelo Wilson observó la transformación de sus vidas bajo la crueldad que sufrieron. En contraste a los hermanos James, el Abuelo permitió que el Espíritu de Dios purgara la venganza y la amargura de su alma. Aparte de la gracia de Dios en nuestras vidas, nosotros hubiésemos buscado retribuir maldad con maldad.

El Abuelo Wilson estudió para el ministerio. Él sirvió en muchas posiciones en la Confederación Armada y fue herido varias veces. Luego de la Guerra, él se estableció en Texas como un predicador itinerante. La Abue viajó con él, y mientras ellos montaban en su cochecito, él le enseñó a ella del Señor. El Abuelo Wilson fue una pieza fundamental en el establecimiento de la Universidad Wesleyana de Texas en Fort Worth, Texas, y él tuvo una gran influencia en la condición espiritual del área más extensa de Dallas-Fort Worth.

Conclusión

Esta es la herencia física que Dios escogió darme. Mi herencia espiritual es mucho más vasta e importante. Aunque puedo rastrear mis ancestros terrenales hasta los primeros reyes de Europa, yo he sido capaz de rastrear mis ancestros espirituales a los dos que caminaron con el Señor de Gloria en el Jardín del Edén. Mucha de esta herencia espiritual está registrada en las Escrituras y tú la puedes leer ahí. Hebreos 11 es un buen resumen.

La Historia de Mi Vida

En los otros capítulos de esta pequeña autobiografía, trataré de hacer una crónica del trabajo del Padre en mi vida. Los ancestros terrenales son temporales; el tiempo borra sus huellas e influencias. Pero los ancestros espirituales son eternos. Mientras que la muerte crea una separación física, aquellos en Su Familia nunca son separados. Es con gran anticipación que Yo iré a la mesa y me sentaré con aquellos que se fueron antes de mí, mis eternos ancestros espirituales.

El Principioal Principio

El Abuelito Wilson, Capellán en el ejército confederado y ministro Metodista itinerante después de la Guerra.

El hogar de la niñez de la Abuelita Wilson, todavía en pie y ocupado en Greensboro, AL.

Mi tatarabuela paterna, Fannie Wilson Brooks, el día de su boda. Muchos dicen que tengo su rostro.

El día de boda de mis padres en Miami, FL, 1952. Abuelito, Abuelita, Mamá, Papá, La Abue, el Gran Abuelo, (Iron Ross, Hilda Ross, Betty Ross, Brad Lapsley, Allie Noyes Lapsley, Col. J. B. Lapsley.)

Propagandas para misioneros de la Misión del Interior de Sudán, alrededor de 1952.

Nuestra tarjeta de oración, cuando fuimos a Etiopía por primera vez, principios de 1954.

La Historia de Mi Vida

Una colcha que hice para mi madre en el 2008; los cuadros fueron personalizados para reflejar su viaje espiritual.

 Fortalecida a través de la Dificultad:
Creciendo en Etiopía

El Trabajo de mi Padre en Etiopía

Mi nacimiento en este mundo ocurrió mientras mis padres estaban esperando por sus visas en Dallas, barriles llenos de sus pertenencias estaban listos para ir a Etiopía. El Emperador Haile Selassie había reinado sobre Etiopía por varias décadas. Él invitó a misioneros para venir de Occidente para ayudar a su gente. Su deseo era el de establecer escuelas, hospitales, y el Cristianismo entre las ochenta y cinco tribus que conformaban la nación de Etiopía. Sin embargo, hubo una gran oposición a su invitación desde los cuarteles de la Iglesia Ortodoxa de Etiopía (IOE). Mis padres pronto descubrieron que todas las aplicaciones de visa de misioneros estaban siendo puestas al final de la pila por autoridades que eran fieles a la IOE. Cuando el Emperador se dio cuenta de eso, él ordenó que todas las aplicaciones sean enviadas a él, y el Emperador mismo firmó la aplicación de visa de mi familia para unirse al trabajo de Dios en la tierra de Etiopía.

Mis jóvenes padres y yo que era una bebé, abordamos un barco de carga en el puerto de Nueva York. Luego de seis semanas de para en varios puertos a lo largo del camino, entramos al Canal Suez y viajamos bajo el Mar Rojo. Todo lo que necesitábamos por cuatro años estaba empacado dentro de sólidos barriles de metal. Desde Adén, volamos a Addis Ababa y nos unimos a las otras jóvenes parejas quienes habían renunciado al Sueño Americano por el servicio al Rey de reyes.

El primer punto en la lista era aprender el idioma. Yo andaba tambaleándome mientras que mi Mamá y Papá estudiaban el amhárico. Este lenguaje había sido recientemente anunciado como el idioma "nacional", aunque pocos etíopes fuera de la tribu de Amhara o la capital lo sabían. El amhárico consistía de letras similares al hebreo, y algunas palabras que eran casi exactamente Hebreas. Habiendo llevado el idioma Hebreo en el seminario, Papá tuvo un buen empiezo.

La intención de Papá era enseñar en una escuela Bíblica rural. La Misión Interior de Sudán (MIS), con la cual servían, tenía otros planes. Ellos decidieron usarlo dentro en las escuelas académicas. Consecuentemente, fuimos enviados hacia el campo en la estación misionera Bobitcho en la región Hadiya de Etiopía. Bobitcho era pequeño, pero era importante por su área de negocio. Gente de todas partes del área se reunirían para regatear por comida y otras mercancías.

En nuestro pequeño recinto misionero, teníamos cuatro hogares misioneros, una pequeña clínica, una escuela Bíblica de mujeres, una escuela Bíblica de varones, y la escuela académica de Papi. Aunque la escuela ya estaba establecida, él la expandió al añadirle una librería, un salón de clases en el edificio, y un dormitorio para estudiantes. El día de hoy, esas construcciones aún están intactas y estuvieron en uso hasta un par de años atrás.

El trabajo de Papi empezó al convencer a los padres que era beneficioso el dejar a sus hijos libres de la responsabilidad de cuidar ganado para que pudiesen así asistir al colegio. Una vez en el colegio, él les enseñaba amhárico. Esto proveía una base homogénea para la enseñanza de la Biblia, Ciencias, Escritura, Historia, y Matemáticas. Él era progresivo en como administraba el colegio, trayendo muchas experiencias a los estudiantes como paseos de campo y aventuras módicas. El nombre de Tex Lapsley es conocido incluso hasta el día de hoy, siendo recordado con respeto por su arduo trabajo en maneras innovadoras.

Memorias de Bobitcho

Alrededor de la edad de dos hasta los siete años ese recinto fue mi hogar. Hasta este día, me gozo en las memorias de eso. Recuerdo sentarme de cuclillas con los estudiantes Europeos alrededor de la fogata en su dormitorio comiendo grano rostizado llamado Kolo.

La Historia de Mi Vida 21

Me encantaba explorar el campo abierto. Se me ha dicho que una vez deambulé hacia un riachuelo desbordante cuando tenía tres años. Un estudiante de la clase de mi padre miró hacia fuera de la ventana y me vio ahogándome en el riachuelo. Él corrió fuera de la clase y me rescató. Tengo memorias vívidas de estar afuera en el campo junto a los caminos de tierra pastoreando el ganado, las

A la edad de 2 años, afuera de nuestra cocina en la estación misionera de Bobitcho en Hadiya, Etiopía.

cabras y las ovejas con los niños Etíopes. Yo entendía el lenguaje tribal, como solo los niños pequeños pueden hacerlo, y una pizca del idioma nacional, ayudándome a comunicarme con mis compañeros Etíopes. Recuerdo la brisa de Etiopía y la vista inmaculada e incontaminada del campo.

Dándole de comer a nuestro caballo en Bobitcho.

Yo recuerdo la fragancia de los árboles de eucalipto y voces llamando de choza a choza. Era un ambiente seguro y calmado.

Vivíamos en un hogar de dos cuartos hecho de lodo, palos, y un techo corrugado de hojalata. Mi madre cocinaba en un horno de madera y recogíamos agua del manantial a una pequeña distancia, la cual traíamos a casa en el lomo de un burro. Al principio solo teníamos lámparas de kerosene, pero con el tiempo añadimos un generador.

¡Me encantaba estar al aire libre! Me sentía intrépida, excepto con las hienas. Mi padre me dijo que él tuvo que inculcar ese miedo en mí. Él me sentó en nuestro pórtico y me dijo que las hienas comían a pequeñas niñas que deambulaban lejos de casa cuando el sol se ocultaba. Esta conversación habrá funcionado; mi miedo de las hienas se volvió profundamente arraigado. Cada noche los escuchaba merodeando bajo nuestras ventanas y en la distancia.

La Historia de Mi Vida

Una vez mi madre dejó accidentalmente una pesada olla de aluminio afuera con leche hervida adentro. La siguiente mañana la encontramos movida a una distancia con la marca de los dientes de hiena profundamente incrustada en su gruesa pared. Para mí, dos cosas tomaron especial valentía: salir afuera de la casa en la noche, y salir afuera a tocar la gran campana para empezar la reunión de oración. Yo aprendí a disciplinar mis miedos a una edad temprana. Me forcé a mí misma a caminar, no a correr o trotar. Muerta de miedo, disciplíné mis piernas a caminar todo el camino hacia donde la campana colgaba en medio del recinto. Pero en el instante en que el ruidoso gong sonaba, toda la energía guardada dentro salió precipitadamente, ¡y yo corrí hasta más no poder con mis propias fuerzas hacia la seguridad de nuestro pórtico!

Había una pequeña ranura en la tierra alrededor de aquel campanario. Nosotros jugábamos un juego donde pretendíamos que nuestro hogar estaba dentro de esa ranura. Alguien era la hiena, y el resto de nosotros tratábamos de llegar sanos y salvos a nuestra "casa". Habíamos marcado donde la puerta imaginaria yacía, pero para entrar teníamos que decir "ábrete", "ciérrate", sino la hiena tenía la libertad de entrar a nuestro "hogar", ¡y no había peor tragedia que podría pasarnos!

Mientras estábamos asentados en Bobitcho, mi hermana Bonnie nació en nuestro cuarto, y mi hermana Barbará nació en el hospital. Mamá y Papá salieron con "hepatitis infecciosa" pronto después de salir del instituto de idiomas, y eso acabó con sus energías. Ellos seguían teniendo dificultades, trabajando arduamente para criar a una familia y establecer una estación misionera en la parte rural del país de Etiopía.

Mientras que los años pasaban, me volví más etíope que estadounidense. Mi ritmo era el ritmo de Etiopía. Durante la temporada de lluvia me encontraba bebiendo agua en el techo de hojalata y chapoteando dentro del lodo con mis sandalias. Durante las sequías yo estaba con los niños Etíopes afuera en los campos. Todos me conocían, todos me amaban. Yo era una de ellos. Las condiciones primitivas y el trabajo en el ministerio mantuvieron a mis padres siempre ocupados; teníamos poco tiempo familiar. Los etíopes se volvieron mi familia extendida, y yo aprendí a atesorar esos momentos raros cuando tenía a mis padres y hermanos para mí misma.

Papi y yo en un bote de remos en Bishoftu, el área de descanso misionero.

Había una casa misionera de reposo anidada en el lado de un lago volcánico. Se llamaba el Lago Bishoftu. Este recinto tenía pequeñas cabañas que cómodamente hospedaban a familias misioneras que estaban de visita. Algunas actividades deportivas relajantes estaban disponibles. Las comidas se preparaban para todos, y teníamos devocionales juntos antes de comer. Este lugar era un paraíso para mí. Tenía a mis padres solamente para mí; sin un ministerio alejándolos de mí. Usualmente íbamos ahí dos o tres semanas al año, y yo estaba siempre feliz. Pasé tiempo fuera, dentro del bote de remos en el lago, atravesando los juncos buscando nidos de patos con mi padre. Yo caminaba lentamente a través del charco con mi madre. Y pasé tiempo jugando al tejo o Ping-Pong. Yo recuerdo el tiempo que pasamos allí por Navidad, y me dieron mi primer reloj de pulsera. Yo todavía tengo ese reloj, ¡y aún funciona!

Cuan agradecida estoy al Señor por esta educación. Mis padres se enfocaron en un Reino mucho más grande que ellos mismos o su familia. ¡Ellos trabajaron tan duro! Y aun en medio de eso, Dios nos dio tiempos de ánimo con cada uno de nosotros. Mi sentido de seguridad en nuestra familia, a pesar de todo el estrés de la vida misionera primitiva, era fuerte. Aunque tenía más ropas que mis amiguitos etíopes, yo usaba el mismo vestido toda la semana. No tenía casi ningún juguete, pero tenía todo el campo abierto. No tenía casi amigos caucásicos, pero era bienvenida dentro de cualquier choza e incorporada dentro de cualquier familia etíope. A pesar de nuestra austera existencia, yo era rica en cosas que realmente importaban.

Colegio Internado: Aislamiento y Soledad

Luego vino el colegio internado. No mucho después de mi sexto cumpleaños, yo fui enviada lejos de mis padres. Fuera de mí extendida familia etíope, fuera de mi hogar. Fue un viaje largo a la capital desde nuestro pequeño recinto misionero. El día de hoy esa distancia se viaja fácilmente, pero en aquellos días era una larga travesía y el transporte no era confiable.

El internado era la respuesta de la Misión a la educación de los hijos de misioneros. Aunque hoy día hay muchas opciones disponibles para los padres misioneros (incluyendo colegios diurnos y educación en casa), el colegio internado era la única opción en aquellos días. De hecho, era común incluso para muchas familias que no eran misioneras y que vivían en Etiopía. Nos gozábamos que un nuevo colegio internado, haya sido construido en el país donde vivíamos, y que no estábamos obligados a viajar a través de África para ir a la escuela. En años previos, los niños se mantenían en América del Norte por cuatro años; estaban permitidos de ver a sus padres solo durante la cesantía laboral. Por estas razones nuestro colegio internado, Academia Bingham, era mucho mejor comparado a los colegios anteriores, y teníamos mucho por lo que estar agradecidos.

No hay colegio internado, sin embargo, que pueda sustituir a la familia. Mientras que esta transición tomaba lugar en mi vida, un profundo dolor se desarrollaba. Aunque yo era cuidada físicamente, había poco soporte emocional y casi no amor. Ya no había el afecto y la protección de los padres. El colegio funcionaba como un reloj; tiempo de levantarse, tiempo de comida, tiempo de clase, y tiempo para acostarse. Para mí, el peor día de la semana eran los sábados, cuando los otros estudiantes se iban a sus hogares que quedaban cerca y no había un horario para alguna actividad. La soledad se volvió abrumadora. En alguna rara ocasión mis padres venían a la capital, y entonces se me permitía pasar la noche los fines de semana en los apartamentos de las oficinas centrales. Pero usualmente un mes se convertía en otro con poco contacto de los padres y sin atención o cuidado de los empleados de la escuela.

Teníamos dos grados por salón de clase, y resulté ser una estudiante promedio. Era alta, lo que significaba que los profesores siempre me colocaban en los asientos de atrás del salón. Yo continuaba amando el aire libre. Luego de las clases, jugaba seguido en el bosque del recinto del colegio, o me balanceaba hasta lo alto en los columpios. Un tiempo totalmente favorito en Bingham eran las cenas del Viernes, cuando la comida se servía afuera: bufet ilimitado de enjera b'wot, el plato nacional de Etiopía. Yo me llevaba la comida, me alejaba a una pequeña distancia, comía, ¡y regresaba por una segunda porción antes de que cualquiera pudiese voltearse!

Me acuerdo de la hora de cuentos para dormir. Nosotros nos poníamos nuestras pijamas, luego nos poníamos una bata de dormir, nos reuníamos en un gran cuarto, y nos sentábamos en el piso de madera. El Sr. Freeman, uno de los empleados, nos contaba cuentos de fantasía sobre un hombre con piernas de madera. No recuerdo ninguno de los cuentos, pero recuerdo sentir la calidez y la emoción mientras que la historia se desarrollaba poco a poco; esta hora era una reflexión borrosa del tiempo que pasaba con mi familia por el campo. Este mismo hombre también me enseñó muchísimos versos de himnos antiguos. Él hacía carteles con imágenes y palabras, de los cuales cantábamos una y otra y otra vez. Cada vez que cantábamos, el removía uno de los carteles, forzándonos a memorizar las palabras. Hasta este día yo puedo cantar todas las estrofas de esos himnos antiguos, gracias al Sr. Freeman y a la Academia Bingham.

Otro deleite en nuestro colegio internado era el programa Bíblico de memorización. Cada semana se nos asignaban pasajes (no versículos, pero pasajes) para memorizar. En el auditorio central, había un gran gráfico con el nombre de cada estudiante. Mientras que recitábamos nuestros versículos, una hermosa brillante estrella aparecía al costado de nuestro nombre. Al final del año escolar, premios de primer, segundo, y tercer lugar eran galardonados a aquellos que habían ganado. Yo deseaba estos premios – una oportunidad para nadar en la piscina de la familia real, poder acampar en el bosque, o un viaje a un restaurante etíope. Aunque yo trabajaba duro para ganar estor premios, yo estaba ganando un premio mucho mejor del que no me daba cuenta. La Santas Escrituras estaba siendo plantada en mi mente y corazón, y de esta siembra una fundación solida brotó para las pruebas y dificultades que vendrían. Mi mente inocente absorbía las palabras: "No se turbe vuestro corazón; creéis en Dios, creed también en mí. En la casa de mi Padre muchas moradas hay; si así no fuera, yo os lo hubiera dicho". "Bienaventurado el varón que no anduvo en consejo de malos, ni estuvo en camino de pecadores, ni en silla de escarnecedores se ha sentado; sino que en la ley de Jehová está su delicia, y en su ley medita de día y de noche. Será como árbol plantado junto a corrientes de aguas". Mientras que escribo, tantos pasajes se vienen a mi mente, pasajes que aprendí a la madura edad de siete, ocho, nueve, y diez, que por siempre están inscritos en mi corazón.

Un día estaba corriendo con otros estudiantes colina abajo hacia el salón de clases. Una niña se cayó. Su nombre era Mary. Ella era una niña muy feliz, llena de júbilo y burbujeante de gozo. Nosotras estábamos en carrera de vuelta al salón de clase luego de la hora del almuerzo, Luego de caer, ella me llamó a que la ayude. Me volteé y caminé de regreso, y la puse sobre sus pies. Luego continuamos caminando hacia el salón. De nuevo ella se cayó, y de nuevo la levanté. Pero la tercera vez que ella se cayó, yo pensé que ella estaba jugándome una broma, y me preocupé de no llegar tarde a clase, y del castigo inevitable que seguiría. Así que luego de la tercera caída, me negué a ayudarla. Llegue al salón justo a tiempo, dejando a Mary sentada en la ladera de la colina. La profesora se dio cuenta que Mary faltaba y me envió con otro estudiante para traerla. Al anochecer, Mary estaba severamente paralizada; el diagnóstico fue polio. Ella fue transportada aéreamente a los Estados Unidos y colocada en un "pulmón artificial". Esto impactó al colegio, mientras que nos dábamos cuenta de la fragilidad de la vida. Repentinamente esta hermosa, dulce niña quien amaba cantar se había ido, completamente afectada hasta el centro de su ser. Esta experiencia me hizo pensar mucho acerca de la vida.

Poco después de mi sétimo cumpleaños, el Emperador Haile Selassie viajó al exterior. En su ausencia, algunos oficiales militares trataron de tomar el gobierno. La escuela había terminado para ese año, pero había aún algunos de nosotros que quedábamos, esperando por los arreglos que se hicieran para reunirnos con nuestros padres en las áreas rurales. Yo era una de las pocas que se quedó en la Academia. Hubo muchos disparos por todos lados. La Misión evacuó a todo el personal de las oficinas centrales. Recuerdo a muchos adultos llorando del estrés y el miedo. Pero en mi propio corazón había paz y tranquilidad. De alguna manera, Dios había plantado en mi corazón una calma segura de que Él estaba todavía allí, y que nada estaba fuera de Su control. Entonces, ¿Por qué preocuparse sobre eso? Quedémonos adentro, mantengámonos quietos, hagamos lo razonable, pero ¿por qué vivir en miedo cuando Dios está aún en el trono? Nunca olvidaré, cuánto me asombraba mi propia calma, cuando los adultos alrededor mío se desmoronaban. Todo lo que puedo decir es que el Espíritu de Dios estaba sobre esta pequeña niña, trayéndola a una comprensión de Su fidelidad.

De vez en cuando la tierra de Etiopía sería plagada con langostas. Enjambres de estos insectos oscurecían el cielo, tapando al sol. ¡Ellos comían todo y se aparecían en todas partes! Cuando tenía ocho o nueve años, tal enjambre vino. Yo recuerdo la gruesa nube negra que volaba hacia nuestra escuela. Mientras que el número de langostas se volvía más numeroso, nosotros corríamos al refugio de nuestro dormitorio y cerrábamos la puerta fuertemente. Podíamos escucharlos golpear la puerta y las ventanas de afuera, pero no nos atrevimos a abrir la puerta, ni siquiera para dar un vistazo; sabíamos que seriamos arrollados por el enjambre. Luego de un rato, nos aventuramos afuera y encontramos todo el follaje arruinado. No había hoja que quedara en algún árbol, no brizna de pasto quedaba, y no había plantas en el jardín de flores. Todo se había ido, justo como si Dios hubiese repetido las plagas contra el Faraón. Fue un evento dramático, y me mostró de nuevo el poder del Dios que me había creado. Obtuve una comprensión humilde de mi lugar en el mundo. Aunque yo era importante para Dios, yo no era nada. A una etapa temprana, Dios suprimió la tentación hacia un egoísmo o un orgullo independiente. La lección en humildad que yo recibí en el colegio internado, fue invaluable para mi vida. Y yo le alabo a Dios por el dolor del aislamiento que causó esa lección.

A la edad de ocho, un nuevo tipo de estrés vino a mi vida. Mi hermana pequeña ingresó al colegio internado. Mientras que ella estaba en el primer grado, mis padres me dijeron bien claro a mí que yo tenía que ser como una mamá para ella. Su cuidado fue puesto sobre mis dóciles hombros. Yo sentí aquel peso tremendamente. Aunque yo deseaba una madre, yo no podía consentirme ese deseo; mi hermana pequeña me necesitaba, y mis padres confiaban en mí.

A causa de la noción de que los mayores toman cuidado de los menores, incluso si solo están separados por unos pocos meses de edad, yo desarrollé un sólido respaldo. Aprendí a poner mis deseos a un lado y a priorizar mis necesidades para cumplir los deseos y necesidades de mis hermanos. Cada hermano, por supuesto, era diferente. Algunos funcionaban sin ningún deseo o alguna necesidad aparente de ser supervisados por la hermana mayor, pero otros, especialmente mi hermana Bonnie, estaban atados a mí.

Me hubiese encantado el haber podido ser yo misma una niña. Me hubiese encantado el poder tener libertad para jugar, sin cargar la responsabilidad de otros. Me hubiese encantado tener el amparo, cuidado, guía, y protección de mis padres. Pero Dios, en Su soberanía, permitió que este peso sea puesto sobre mis hombros. Él fortaleció mi mente, mis emociones, y mi resistencia para el trabajo a mano de parte de mis hermanas.

La Academia Bingham estaba a una distancia de nuestra estación rural de misiones. En aquellos días de viajes dificultosos, era un gran reto el viajar del Punto A al Punto B. El año escolar requería el internado por muchos meses en el otoño y muchos meses en la primavera. Un mes durante Navidad y dos meses durante la estación lluviosa de verano los pasábamos con nuestros padres en el campo. Mis padres no podían venir a recogerme cada vez que el colegio abría o cerraba, así que yo viajaba toda esa distancia sin su protección. Ellos trataron de hacer los arreglos apropiados, por supuesto, pero yo sentía como si me hubiesen abandonado. Cada viaje seguiría una diferente ruta. Algunas veces viajaba en bus, otras veces dentro de un aeroplano perforado, y a veces en mula. Algunas veces yo me quedaba en el colegio por una semana o dos hasta que los arreglos pudieran ser hechos. No había consistencia. Esta inconsistencia, junto con el peso de la responsabilidad por mi hermanita, creaba un estrés sobre mi tierna alma que las palabras no pueden describir. Mientras que mi hermanita jugaba felizmente, yo andaba por ahí esperando que alguien me reclamara y me proveyera alguna medida de transportación segura a casa. Los adultos en mi vida eran bien conocidos por mis padres, pero para mí, ellos solo eran caras.

No tenía alguna relación con aquellos que me vigilaban. El estrés de esta situación no puede ser descrita en palabras.

Mudanza a Burji

Aunque yo continuaba estudiando en el colegio internado, alrededor de la edad de ocho mis padres fueron movidos de la estación misionera en Bobitcho a la estación de Gembo. Esta era una nueva estación, en el extremo sur del distrito de Burji en Etiopía. ¡Era realmente el fin de la Tierra! Papi construyó nuestro hogar; estaba anidado en la ladera de la montaña con vista al Valle Suggan. El día de hoy esta es la única casa misionera que aún sigue en pie. Los misioneros solían bromear que solo en la pista de aterrizaje de Burji se daban vendas para los ojos a los pasajeros; el pequeño aeroplano oscilaba hacia un pequeño valle y aterrizaba en subida sobre la ladera de la montaña. Como en Bobitcho, teníamos tres o cuatro casas misioneras, una escuela primaria, una pequeña clínica, y una escuela Bíblica.

Temprano en la mañana, nuestra estación estaba encima de las nubes; yo miraba hacia abajo, observando la capa llena de nubes y me sentía como si estuviese sentada en los Cielos. Alrededor del mediodía las nubes se elevaban al nivel de nuestra estación, así que a menudo estábamos en neblina durante la mitad del día. Solo en las tardes estábamos bajo las nubes.

Papi estableció iglesias-colegios alrededor del área de Burji y Amaro; él colocó a aquellos estudiantes que habían completado el cuarto grado a cargo de estos colegios. De vez en cuando el iría de excursión a visitar a las iglesias y examinar sus colegios. Como resultado de su trabajo, el nivel de educación de la gente en Burji ¡se fue hasta las nubes! Ellos aprendieron a leer, escribir, y hacer cálculos matemáticos. Ellos aprendieron una estructura y habilidades de organización. Se alejaron de lo primitivo a lo desarrollado. Muchos años después los estudiantes de Papi, de Bobitcho y de Gembo, fueron a universidades alrededor del mundo y tomaron posiciones de liderazgo en el gobierno y la educación.

Burji era remoto; se asentaba sobre las montañas. Manejar hacia ahí era traicionero, especialmente en la temporada de lluvia. Vehículos se resbalaban y deslizaban en el camino, la muerte amenazante solo a unos pasos de nosotros, donde el camino se encontraba con la caída precipitosa hacia el valle que yacía debajo. En un viaje, mis padres estaban regresando de la capital. Mi hermano y mi madre se habían roto algunos huesos; cada uno tenía un yeso.

Con mis dos hermanitas Bonnie y Bárbara, el año que dejamos Etiopía.

Mi madre estaba embarazada con su sexto hijo, y mi hermana Beverly, de tres años, estaba con ellos. El vehículo se deslizó, y dos de las ruedas quedaron colgando sobre el borde. Quietamente, mi padre instruyó a mi madre que cuidadosamente y lentamente saliera del vehículo con los niños. Ella se paró en el camino con sus dos hijos y observó a mi padre tratar de redimir la situación. "Mami, ¿qué estamos haciendo?" Mi hermana Beverly le preguntaba. "Estamos orando, cariño. Estamos orando", mi madre le respondió. Luego de remover a mi madre y hermanos de la porción colgante del vehículo, mi padre fue capaz de conseguir más tracción y remover el carro del filo del peñasco. Todos estuvieron a salvo.

Esa pequeña historia dice tanto del aislamiento y completo abandono con el cual vivíamos. Nosotros estábamos callados en el Señor en situaciones que solo Él posiblemente podía conocer, y donde solo Él podía ayudar. Un tiempo después, mi madre se enteró que el Señor había levantado una compañera de oración en los Estados Unidos. Mientras que ella estaba de rodillas rogando de parte de mi familia, el brazo del Señor se movía para salvar a mi padre de la destrucción.

De Vuelta a los Estados Unidos

El verano de 1963 fue un gran verano. Burji estaba cerca al borde de Kenya, así que tomamos varias semanas y fuimos a acampar por Kenya y Tanganyika (que ahora es Tanzania). Acampamos en la parte más agreste de la sabana. Encontramos a rinocerontes, elefantes, avestruces, ñus, leones, babuinos, leopardos, y muchos otros animales salvajes. Era en este verano donde vi a una hiena por primera vez. Aún puedo recordar los escalofríos recorriendo mi cuerpo al mirar a la horrenda criatura; ¡parecía la personificación del mismo Diablo! Concluimos nuestro viaje en el Océano Indio en el maravilloso pueblo de Mombasa. Esas bellas, claras, cálidas aguas alimentaron mi alma, ¡y las frescas, exquisitas frutas no tenían comparación! Pero el gozo más grande de todo era el estar con mi familia. Todo esto era un gran cambio de nuestra simple pero demandante vida en la ladera de la montaña en Burji. Cuan agradecida estoy al Señor por aquella experiencia. El día de hoy, mucho de toda esa vida africana silvestre ha desaparecido, a causa de cazadores furtivos. Pero esos recuerdos vivirán por siempre en mi memoria.

Nunca nos imaginamos que nuestro tiempo en Etiopía estaba llegando a su fin. Mientras que manejábamos fuera de Kenya de regreso a Burji, el Señor estaba colocando en su lugar las piezas correctas para llevarnos de vuelta a los Estados Unidos. Yo fui puesta de vuelta en el colegio internado por otro periodo escolar, esta vez con mis dos hermanitas a las que debía cuidar. Mis padres comenzaron la larga travesía en nuestra camioneta todoterreno sobre las montañas de Burji hacia la estación. El camino era brusco, y la cabeza de mi madre golpeaba el techo del coche. A medida que los meses pasaban, ella empezó a tener dolores de cabeza severos. Pronto los dolores de cabeza se volvieron intolerables. El cuidado médico en Etiopía era primitivo. Mis padres lidiaron con el problema durante el trabajo, pero finalmente solicitaron un aeroplano de la misión. Un hermano misionero escribió lo siguiente sobre la situación: "Hoy el aeroplano está yendo a recoger a los Lapsleys en

Addis Ababa. Betty ha estado enferma por una semana con dolor de cabeza y mala visión. Ella está en analgésicos todo el tiempo, y la enfermera aquí cree que podría ser serio... Siento pena por ella. Esta mañana ella dijo, 'Debo ser una piedra que aún necesita ser pulida'. Ella ha tenido un montón de problemas de salud. Uno de sus ojos está tan malo que ha tenido que taparlo por varios días, y ha tenido tales malestares de cabeza. Esperamos que ella se mejore pronto" (LaVerna Ediger, Worth It All [Valió Toda la Pena], p.184).

Por supuesto, en la Academia Bingham, yo no tenía ninguna idea sobre la situación. Lo único que sabía era que mi padre un día apareció un viernes y nos dijo: "Nos vamos de Etiopía." Yo no entendí lo que pasaba; sabía que mi corazón estaba rompiéndose. Mientras que recorríamos la distancia desde la escuela hasta las oficinas centrales, lloré y lloré y lloré. "¡Etiopía, yo regresaré! ¡Regresaré!"

Para la tarde del domingo ya nos habíamos ido, nuestra primera vez viajando por aire. Mi madre estaba completamente incapacitada. Tuvieron que oscurecer las ventanas para bloquear toda la luz. Ella no podía comer. Mi padre estaba estresado. Él trataba de tener todas las cosas de negocios en orden, y al mismo tiempo supervisar a seis niños. La noche antes de que voláramos de Etiopía, él fue de uno en uno tratando de sacar a las pulgas atascadas bajo nuestras uñas del pie. Estas pulgas (Tungiasis) no son niguas. Son pequeños parásitos que se meten bajo las uñas, depositando sus huevos y comiendo la carne. No hay cura, ni siquiera ahora, para estas pulgas. Para poder tratarnos, mi papá tuvo que sistemáticamente arrancarlas de adentro de nuestra piel, y luego remojar las áreas afectadas con detergente o kerosene. Fue un proceso doloroso. ¡Qué tal recuerdo!

No fue hasta muchos años después que me di cuenta de por qué Dios nos trajo de vuelta de Etiopía. Ahora yo creo firmemente que el Dios que me había creado y amado, observó desde el cielo a una pequeña niña que estaba yendo por tercera vez bajo el estrés del colegio internado. Yo estaba en mi punto de quiebre. Trataba tan duro de enfrentarlo todo, el cuidar a mis hermanas, y el volverme fuerte. Pero necesitaba una familia. Necesitaba la atención, la protección, y el cuidado que cada niño necesita. Durante ese tiempo había tenido sueños recurrentes, o tal vez eran fantasías, sobre ser sacada del colegio de la misma manera en que Mary había sido llevada. Todas las veces, yo estaba mortalmente enferma y, al irme, la escuela, mis compañeros de clase, y el personal del colegio lloraban y me decían cuanto me amaban. Mi sueño o fantasía nunca continuaba luego de esa partida del colegio. No sabía si es que moría o si regresaba después. Todo lo que sabía era que finalmente alguien me había dicho que era amada.

Nunca dudé que mis padres me amaran, pero ellos estuvieron muy lejos de mí para mostrármelo. La política de la Misión era la mejor para aquel tiempo. Tengo seguridad de que nunca hubo alguna intención de herirme, y no guardo ningún resentimiento. Hay muchos Hijos de Misioneros (HMs) —quienes compartieron sufrimientos similares, pero no han podido mirar más allá del dolor para ver el amor de sus padres y la protección de Dios. El día de hoy ellos están llenos de amargura y hostilidad hacia el Evangelio, hacia las misiones, y hacia sus propios padres. MIS y otras agencias de misiones han tomado el dolor seriamente y han renovado algunas de las normas para que la unidad familiar sea fortalecida. Aunque yo no había notado la profundidad del dolor en ese tiempo, Dios en Su gracia protegió mi corazón. Él ve el corazón y el dolor de sus hijos; Él no es un Dios distante. Si nosotros nos aferramos de Su amor, el sufrimiento de la niñez no nos destruirá. El poder y amor del Señor Jesucristo es mucho más fuerte que cualquier otra trágica circunstancia en la vida. Ha sido mi gozo el experimentar la realidad de esa verdad.

3 Doblándome a Su Manera

Dallas: Los Años de Primaria y Secundaria

Imagina a esta pequeña niña africana aterrizando en el aeropuerto de Nueva York. Nunca me había subido a una escalera mecánica. Nunca había visto una puerta eléctrica. ¡Tantos carros! ¿Dónde estaban los burros y las cabras en los caminos? Todo el mundo andaba tan ocupado, yendo de aquí para allá. Nadie tenía tiempo para sentarse y comer kolo. ¡Y las tuberías interiores! Yo estaba tan confundida por las manijas de la tina, dejando salir agua fría y caliente; ¿cómo podía balancear la temperatura para obtener el agua apropiada?

Después de que la Misión recibiera el informe de parte de mis padres en Nueva York, volamos a Dallas, Texas, y nos mudamos a la casa de la Abue y el Gran Abuelo. Recuerdo sentir que todo el mundo estaba de luto. Esto fue en Enero de 1964, justo tres meses después del asesinato del Presidente J.F. Kennedy en las calles de Dallas. Estados Unidos estaba en conmoción.

Mi padre estaba ocupado atendiendo a su esposa inválida. Nos mudamos a nuestra casa en el área del Lago Roca Blanca, arreglando los asuntos de la escuela, y procesando sus propios sentimientos sobre haber dejado Etiopía. Tomamos un año de permiso en la Misión, esperando tener más tiempo para fortalecernos con la esperanza de regresar a Etiopía algún día. Por supuesto, yo no entendía lo que "permiso de ausencia" significaba en aquel tiempo. Lo único que sabía era que a pesar de todo el estrés, estaba feliz. Tenía a mi familia reunida de nuevo. Estaba con mis padres, bajo su protección y cuidado. El peso del cuidado de mis hermanos ya no estaba puesto sobre mis hombros.

En los meses siguientes, terminé el quinto grado en un colegio público que estaba a una cuadra de nuestro hogar. El decir

que yo era un espectáculo sería una subestimación. No era frecuente que cada escuela tuviera un estudiante que se había mudado de África. Ellos se burlaban de mí, cuando usaba el mismo vestido en días consecutivos, y eso sin contar que en Etiopía yo usaba el mismo vestido durante toda la semana. Ellos se burlaban cuando yo escuchaba la campana sonar que señalaba el cambio de clases, y yo preguntaba, ¿Ya es la hora de salida? Ellos constantemente me molestaban a causa de mi crianza etíope. Pero me adapté rápidamente. El poder adaptarse es un don que Dios da a los niños. Y los hijos de misioneros han pulido ese don a la perfección. En el campo de misiones, no había tiempo para procesar las cosas. Las emociones no podían ser satisfechas. Había trabajo que hacer para el Reino, y la lástima de uno mismo o la autocomplacencia podían afectar la labor del Reino; debilitaban la energía y las emociones que eran necesarias para cosas más importantes. En el mundo de autocomplacencia de hoy, yo sospecho que realmente no entendemos las palabras de Jesús sobre poner nuestras manos sobre el arado y no mirar hacia atrás, o sobre renunciar a todo para seguirle a Él, o sobre tener en cuenta el costo del discipulado. Estos son conceptos foráneos en nuestras iglesias estadounidenses de hoy. Pero agradezco a Dios que me enseñó temprano el gozo de sacrificarme a mí misma para un propósito más grande.

Junto con todas las bromas infantiles de mis compañeros en el Colegio Primaria de Hexter, había un genuino sentir de asombro e interés en mi vida. La administración del colegio cancelaría las clases y arreglaría tiempos de reunión extendidas para que yo les contara a todos sobre la vida en África. Yo hablaba sobre la vida silvestre, sobre mi internado en el colegio, sobre como comíamos kolo en las chozas, y sobre el trabajo de mis padres. Por un tiempo, era fascinante para niños y adultos por igual. Pero luego la vida siguió su curso.

Nuestro permiso de ausencia de un año de la Misión terminó, y nuestro cargo de misioneros oficialmente concluyó. Pasé dos

La Historia de Mi Vida 37

años en Hexter, mientras estaba allí, fui una voluntaria de cruce peatonal, aprendí la historia de Texas, y abrí mi propia cuenta de banco. No me tomó mucho tiempo el darme cuenta que era diferente de mis compañeros, y yo estaba feliz de ser diferente. Mi actitud sobre la vida, mis expectativas sobre las relaciones, y mi madurez en general me separaba del estudiante promedio. Yo era capaz de hablar con adultos. Yo me tomaba en serio los problemas más difíciles de la vida. Y debajo de todo eso aún estaba apenada sobre la perdida de mi vida en Etiopía. Los grados octavo y noveno los pasé en la Escuela Secundaria de la Colina. Yo continuaba a ser la única "de mi especie" en clase, aunque yo también me uní a la asamblea de estudiantes que animaban al equipo de la escuela. Aunque asistía a todos los juegos deportivos, me parecían frívolos y llenos de vanidad.

> Somos los Montañeses de la Colina, los Montañeses de la Colina, ¡y nuestro equipo marcha a la victoria! Animemos a los rojos y verdes, y al equipo seamos fieles, ¡los Montañeses de la Colina!

El resto de mis años en la escuela secundaria los pasee en el colegio Bryan Adams. Mis notas tenían un promedio de B+. Dos clases que me sirvieron bien por muchos años fueron taquigrafía y mecanografía. Yo seguía pensando diferente a mis amigos en la escuela; sus vidas giraban en torno a los chicos, la moda, y los grupitos populares del colegio. Yo no podía entender tal inclinación superficial. Yo quería que mi vida contara para algo importante.

Yo tomaba lecciones de piano cada semana. Aprendí música clásica al igual que acompañamientos de himnos. En el penúltimo año de la secundaria, yo era la pianista para mi clase dominical en la Iglesia Bíblica de Gracia. Esta habilidad musical enriqueció mi vida, y las vidas de otros, muchas veces en ambas la alabanza personal y grupal. Asistíamos a la iglesia regularmente y estábamos involucrados en todas las actividades, incluyendo las Chicas Pioneras y la Escuela Bíblica de Vacaciones. Un recuerdo favorito era salir con toda la familia extendida e ir a la Cafetería de Luby para la cena del domingo. Esta era la delicia del Gran Abuelo, y muchos días era una inversión de cientos de dólares; ¡recuerdo que su recibo seguía por metros! Casi cada domingo yo ordenaba un filete de pollo frito con puré de papas y con jugo espeso de carne. A veces despilfarraba y ordenaba una fresca tarta de fresa. Luego de la cena, todos nosotros íbamos a la casa de la Abue durante la tarde. Puesto que nosotros vivíamos a una gran distancia del Gran Abuelo y la Abue, este era el único momento cuando podíamos verlos. En alguna rara ocasión, iría a su casa y me quedaría toda la noche. Era como entrar en un palacio muy cálido y especial, ¡completo con aire acondicionado y helado con gaseosa!

Mujeres esenciales en la iglesia se convirtieron en mentoras para mí — Martha Mattay, Ruth Pryor, y otras. El supervisor de nuestra escuela dominical para aquellos en la secundaria empezaba la clase cada domingo con una recitación de 1 Juan 1:9, "Si confesamos nuestros pecados, Él es fiel y justo para perdonar nuestros pecados, y limpiarnos de toda maldad". Al mismo tiempo yo pensé: Hay un montón de otros buenos versículos en la Biblia, ¿por qué tenemos que empezar con el mismo cada domingo? No me podía imaginar que el Señor usaría la verdad de ese versículo en mi vida décadas después.

Mi madre me inscribió como una trabajadora en la iglesia, ayudando a la IBV, cuidando la guardería, etc.; pocos de mis compañeros eran activos de esta manera, pero yo lo disfrutaba. Ella también inscribió a mis hermanos en el programa de la Asociación Bíblica de Memorización. Desde Setiembre a Abril se nos asignó semanalmente versículos para memorizar. Los premios se nos enviaban periódicamente durante el año, y aquellos que completaban el programa anual calificaban para el campamento ABM. Parte de nuestra rutina de verano se volvió pasar una semana en el campamento ABM en Luisiana.

Aunque los versículos asignados como tarea dejaban mucho por desear (porque eran versículos individuales en vez de pasajes), me encantaban los premios y el campamento. Los premios que escogía eran comentarios o placas con versículos, algunos de los cuales aún tengo hoy día. La semana en el campamento se enfocaba en asuntos espirituales. Pasábamos mañanas discutiendo nuestros versículos con aquellos que también habían memorizado esos mismos versículos. Teníamos reuniones devocionales temprano en la mañana junto al lago, y teníamos un programa de adoración en la noche. Las tardes teníamos tiempo libre de recreación: natación,

La Historia de Mi Vida 39

montar a caballo, tiro con arco, y muchas otras actividades. Cuán diferentes los campamentos "cristianos" parecen ser el día de hoy — 95% recreación y 5% devocionales. No puedo exagerar el impacto espiritual que los campamentos de ABM tuvieron sobre mí. Fue durante estas semanas que yo empecé a entender al Espíritu Santo en la vida del creyente, y que empecé a escuchar a su gentil, suave voz guiándome. Fue aquí que yo aprendí algunos maravillosos cánticos de adoración y testimonio.

> Tan sediento y tan hambriento yo buscaba,
> Mi alma en vano satisfacer.
> Entonces el salvador me habló,
> De esta fuente eterna ven a beber.
>
> Mi vaso elevo, que sea lleno,
> Heme aquí con ardiente sed.
> Fuente divina de tu abundancia,
> Míralo, llénalo, te ruego hoy.

Dios estaba trabajando en mi corazón para que pueda completamente rendirme ante Él. Encontré en Él un gozo, un amor, una compañía, una seguridad, y una comodidad que iba más allá de todo lo que el mundo pueda ofrecer. Lo alabo a Él por su bondad para conmigo al traerme hacia Él a una edad temprana en mi vida. La canción "Vivo por Cristo" expresó mi deseo.

> Vivo por Cristo, confiando en su amor,
> Vida me imparte, poder y valor;
> Grande es el gozo que tengo por él,
> Es de mi senda Jesús guía fiel.
>
> ¡Oh Salvador bendito! Me doy tan solo a ti,
> Porque tú en el Calvario te diste allí por mí;
> No tengo más Maestro, yo fiel te serviré;
> A ti me doy, pues tuyo soy, de mi alma eterno Rey.
>
> Vivo por Cristo, murió pues por mí;
> Siempre servirle yo quisiera aquí;
> Porque me ha dado tal prueba de amor
> Quiero rendirme por siempre al Señor.
>
> Vivo por Cristo, doquiera que esté;

Ya por su ayuda sus obras haré;
Pruebas hoy llevo con gozo y amor,
Pues veo en ellas la cruz del Señor.

Otra actividad rutinaria en el verano eran las clases de natación de la Cruz Roja Estadounidense. Cada verano mi madre nos inscribía en el programa de la CRE. Para mi último año de secundaria, ya había completado todos sus cursos de natación, Salvavidas para Estudiantes Principiantes, y Salvavidas para Estudiantes Avanzados. Con esta habilidad, yo fungí cómo guardia de salvavidas durante veranos y vacaciones en el Campamento Pine Cove en Tyler, Texas. No solo trabajaba de salvavidas, también era la instructora de esquí acuático. Y aunque no tenía la coordinación para esquiar, yo entendía el deporte teóricamente y fui exitosa en enseñar a muchos campistas a esquiar por primera vez.

Mientras que maduraba y me convertía en una joven señorita, crecí y me volví alta y esbelta. Frecuentemente se me preguntaba, "¿Eres una modelo?" o, "¿Juegas basquetbol?" Nunca hice uno o el otro. Me faltaba la conciencia limpia para el primero, y la resistencia física para el segundo. Yo siempre había querido medir alrededor de 1.83 - 1.86 m.; en mi opinión ésas eran mujeres especiales. Pero nunca lo logré; solo puedo medir 1.80 sin zapatos. Siempre me deleité en ser alta, y ¡no quiero compartir ni un solo centímetro de la altura que el Señor me ha dado!

Otra feliz recuerdo de aquellos años en Dallas eran nuestros viajes de campamento con la familia. Teníamos una tienda de campaña, y entrabamos ocho personas y dos perros dentro de ella.

Yo era una Texana de quinta generación, y mi papi usaba nuestros viajes de campo para enseñarnos sobre Texas. Mientras que mi mamá leía la historia de Texas en formato de caricaturas antes de dormir, mi padre nos tomaba de un extremo de Texas hacia el otro en vacaciones con la familia. En el proceso ¡me volví muy "orgullosa" de ser de Texas! La historia de Texas es única en los Estados Unidos. Mucho antes que Virginia se asentara en Jamestown, o que Massachusetts se asentara en Plymouth Rock, los exploradores deambulaban las costas y el interior de Texas; ellos buscaban La Fuente de la Juventud y La Olla de Oro. Los nombres de Coronado y La Salle, exploradores de Texas en los años 1500, estaban grabados en mi mente. Sentí los desafíos enfrentados por Moses Austin y su hijo Stephen F. Austin, los organizadores de los primeros colonizadores en los años 1820. Y luego vino el desafío de Texas para independizarse de México — Col. Fannin en Goliad, David Crocet, Daniel Boone, Jim Bowie y otros en el Álamo, y Sam Houston en San Jacinto. Estas historias se volvieron muy queridas para mí. Texas es el único estado que fue una nación completamente independiente (por diez años) antes de unirse a EE.UU. La Republica de Texas se unió a los Estados Unidos de América a través de un tratado. Y cuando EE.UU. falló a honrar el arreglo acordado, Texas decidió separarse en 1861. Este fue el sétimo estado en separarse de los Estados Unidos (unas pocas seis semanas después de la secesión de Carolina del Sur). El Artículo de Secesión listaba diecinueve brechas del tratado por EE.UU. anulando el tratado. Varios meses después de la secesión, Texas se unió a los Estados Confederados de América. Mi familia había estado intensamente envuelta en aquella guerra (fallida) de independencia.

Fue en estos viajes de campamento que mi amor por la historia creció. El pasado me fascinaba, y el conocimiento del pasado me ayudaba a entender la historia del presente. Años después, mientras estaba en la universidad, yo ayudaba a mi abuelo con nuestra genealogía familiar. Yo siempre había considerado una bendición especial del Señor el poder rastrear nuestras raíces biológicas y el poder compartir historias únicas sobre nuestros ancestros. Nos guste o no, nosotros estamos pisando los talones del pasado. La persona sabia escucha los ánimos y las advertencias de aquellos que se han ido primero. De alguna manera he sentido una conexión especial con cada persona de mi pasado, especialmente con aquellos que también eran familia en el Señor.

Durante esos años en Dallas, mi madre continuaba sufriendo terribles dolores de cabeza. Todos los exámenes para identificar cáncer de cerebro probaron negativo, y los doctores no eran capaces de entender o explicar la causa de su enfermedad. Muchas veces yo regresaba a casa del colegio para encontrar a mi madre acurrucada en la cama, con las cortinas cerradas, y sabía que dependía de mí el preparar la comida y guiar a los niños en sus tareas. Yo estaba contenta de hacer todo esto para mi madre. De alguna manera hacerlo en Dallas, en nuestra propia casa, era muy diferente de "hacer de mamá" con mis hermanas en el colegio internado. Mientras que los exámenes médicos continuaban saliendo negativos, y mientras que los años pasaban, mi pobre madre fue atacada espiritualmente por cristianos y por el maligno. Sin falta de evidencia médica, se presumía que la causa de la enfermedad de mi madre eran sus fallas espirituales, y que de alguna manera ella estaba fallándole a su marido y al Señor al no recuperarse para que nosotros pudiésemos regresar a Etiopía. Por supuesto, nada de esto se me había revelado a mí en aquel tiempo. Pero yo sabía que ella estaba pasando por circunstancias difíciles a causa de preguntas sin respuesta. ¡Cuán seguido el maligno usa nuestra ignorancia para lograr sus propósitos! ¡Cuán importante es que nosotros demos el beneficio de la duda a otros, y que cortemos las acusaciones del maligno de nuestra propia mente! Solo el Señor sabe todas las cosas. Solo Él decreta las cosas de acuerdo a sus propósitos. Solo Él sabe distinguir el principio del final. Si nuestro enfoque es simplemente caminar honestamente y humilladamente ante Él, entonces podemos confiar en Su Espíritu para condenar y guiar de acuerdo a Sus propósitos.

No fue hasta que ingresé a la universidad que mi madre sanó. Ella sufrió estos horríficos dolores de cabeza por trece años. Al comienzo de este nuevo periodo, ella fue al quiropráctico, pero el tratamiento la dejo en una terrible condición de dolor demoledor. ¡Ella se "prometió" nunca volver a ir a un quiropráctico de nuevo! Pero el día vino en el que ella estaba echada en cama otra vez, y ella oró, "Padre, si Tú deseas que vuelva a tratarme de nuevo con otro doctor quiropráctico, entonces Tú debes demostrarlo al hacer tres cosas. El quiropráctico debe ser una mujer, su oficina debe ser local, y ella debe estar disponible para atenderme esta misma tarde". Luego ella sacó las páginas amarillas y marcó un número. En la primera llamada, ¡las tres condiciones se habían cumplido! Ella se vistió y manejó a la oficina. La quiropráctico encontró la causa de los malestares y dolores de cabeza de mi madre. El diagnóstico era una vértebra superior atascada. ¡Estaba atascada en un ángulo dentro de la base de su cráneo! Solo ahí fue que nos dimos cuenta que los bruscos caminos de Etiopía habían dañado su columna vertebral. La doctora trabajó gentilmente con mi mamá, y en poco tiempo los dolores de cabeza se aliviaron.

Es mi opinión que el hacer a mi madre una inválida fue la única manera que el Señor pudiese mantener a mi familia fuera de Etiopía, y que de esa manera yo no regrese al colegio internado. Para cuando ella se curó, todos los hijos ya estaban empezando, terminando la secundaria, o en la universidad, y toda la logística para regresar a Etiopía era infranqueable. Así que nos quedamos en Dallas.

La Universidad: Planes de Regresar a Etiopía

Hay un dicho, "Puedes sacar a la chica de África, pero no puedes sacar a África de la chica". Al acercarme a mi último año de secundaria, empezamos a planear lo necesario para mi educación universitaria. Considerando los posibles campos de estudio, realmente solo había una única opción para mí: enfermería. Yo sabía que quería regresar a Etiopía, y  yo sabía que las personas necesitaban enfermeras — ¡así que decidí ser enfermera! Nunca se me ocurrió a mí preguntarme si me gustaba la carrera de enfermería, si es que encajaría con mi personalidad, o si sería buena haciéndolo. La necesidad de la gente era todo lo que importaba.

Para volverme una enfermera misionera, no solo necesitaba una educación en enfermería, pero también una educación Bíblica. La mayoría de las juntas de misiones requerían un mínimo de un año de educación Bíblica. Empezamos entonces a buscar una escuela que ofreciera ambas un seminario Bíblico y la carrera de enfermería, preferiblemente en el mismo local y durante los cinco años requeridos. La Universidad Biola, en La Mirada, California (cerca de Los Ángeles), era la única escuela ofreciendo un título en ciencias para Enfermería al mismo tiempo que un seminario Bíblico en el mismo campus durante todo el periodo de estudio. El programa de Enfermería era el resultado del Colegio de Medicina Misionero. ¡Me inscribí! Mi plan era completar mi título, y de ahí tomar un año de entrenamiento especializado en asistencia de parto y enfermedades tropicales antes de aplicar a la MIS (Misión Interior de Sudán) para ir a Etiopía. El día que volamos de Dallas a Los Ángeles fue el día que me dio apendicitis. No sabíamos lo que era, puse una botella caliente sobre el dolor, y cuatro días más tarde me llevaron de emergencia al hospital mortalmente enferma con peritonitis de un apéndice reventado. ¡Mis días de universidad empezaron con un pum!

Los primeros dos años la pasé estudiando artes liberales y ciencias; los últimos tres años la pasé estudiando varios aspectos de la práctica de enfermería.

Entre esos dos segmentos yo tomé el verano para ir al Entrenamiento Práctico Misionero. Este era un programa de dos meses en América Central diseñado para ayudar a los estudiantes universitarios volverse más informados acerca de la labor misionera. Era un gran programa, pero cuando entré a un hospital en Guatemala, inmediatamente me sentí con náusea, agobiada por las áreas y los olores. "¡Oh, no!" exclamé a mí misma. "¡He cometido un gran error! ¿Cómo puedo ser una enfermera si siento náuseas por los olores del hospital?" Lo que siguió fue pasar un gran tiempo en mis rodillas ante el Señor, pidiéndole que me guiara. ¡Qué alivio sentí cuando mis cursos clínicos empezaron ese otoño y no me sentí nada mal! (El único otro momento en treinta y tres años de ser enfermera que casi me desmayo fue cuando tuve que observar una amputación. De otra manera, Dios me bendijo con un estómago fuerte).

Un Divino Llamado: Conociendo a Dave

¡Ahora viene la parte romántica de este libro!

Como parte de mi preparación para el campo misionero, pensé que necesitaría un esposo consagrado. ¿Qué mejor lugar para encontrar a tal persona que en el Departamento del Seminario? En aquel tiempo, el Departamento del Seminario tenía el número más grande de especializaciones, seguidas por el Departamento de Enfermería. Así que mantuve mis ojos abiertos y empecé a salir en citas con jóvenes estudiando en el seminario.

¡Vaya, que sorpresa! Mi manera de pensar y punto de vista del mundo era diferente de la mayoría de mis compañeros, principalmente por mi crianza en Etiopía, pero también porque Dios profundamente me hizo madurar en Él durante mis años de secundaria. Y lo que encontré en estos hombres estudiando en el seminario, fueron hombres que eran superficiales espiritualmente, ¡vanidosos, y frívolos como el resto de la civilización!

En Noviembre de 1973, ya había tenido suficiente. Tuve una cita con el Señor en mi dormitorio para discutir la situación. Admito fácilmente que la comunicación no fue mutua, no recuerdo nada que El haya dicho, pero recuerdo bien lo que yo dije: "Señor, preferiría ir a Etiopía soltera, ¡que casada con un hombre con el que deba ser una madre espiritual! Así que mejor olvidemos sobre lo de encontrar un esposo. Esa parte del plan está consecuentemente eliminada". Después de esta "conversación" con el Señor, yo me sentí libre y contenta. Un gran peso se me había levantado de encima. ¡Ahora el camino a Etiopía estaba abierto!

Poco sabía yo que el Señor estaba a punto de presentarme Su elección para mí — y que sería ¡un estudiante del Seminario! Luego de dos semanas después yo estaba parada en la cola de la

cafetería. Eran alrededor de las 6 de la tarde, y tenía que estar en el trabajo a las 6:30 p.m. Mientras esperaba en la cola, miré hacia la puerta y vi a un hombre alto ayudando a su compañero de dormitorio, pues era ciego, caminar a través de la puerta. "Este es tu esposo", ¡el Señor me dijo a mí, tan claro como si Él estuviese parado a mi lado en persona! Pensé para mí misma, "Tal vez deba recordarle a Él sobre nuestra discusión"; luego me dije, "No, Él sabe".

No había absolutamente ninguna duda en mi mente de Su Palabra a mí; nunca dudé su decisión. Desde el momento que Él habló, yo acepté su designio. Mientras que Dave y Rubens venían detrás de mí, en la cola, Dave me ofreció una nuez de macadamia cubierta en chocolate; él justo había recibido una caja de su madre en Hawái. Pensé para mí misma, "Tú no lo sabes, pero estás ofreciendo esto a tu futura esposa". Yo comí la nuez (la versión de Dave es que desde ese momento me enamoré ¡perdidamente de él!), me desplacé a través de la cafetería, y me senté en una de las mesas. Dave y Rubens se unieron a mí, pero nuestra comida juntos duró poco, puesto que tenía que ir al trabajo.

Le tomó a Dave dos años y ocho meses llegar a la conclusión de que la voluntad de Dios era que yo fuese su esposa. Durante ese tiempo nosotros salimos en "citas" esporádicamente.

Uno de nuestros momentos favoritos que pasamos juntos era la festividad de Navidad llamada "Celebrando al Hijo". Esta era una selección diversa de eventos, incluyendo drama, cánticos, y orquesta; nos íbamos de edificio en edificio para cada evento, y terminábamos la noche cantando el Coro Aleluya con la orquesta en el gimnasio. Otras veces nosotros solo tomábamos café en el cafetín Bob's Big Boy. De hecho, ¡fue Dave quien me enseñó cómo tomarle gusto al café! Nunca fuimos a ver una película, excepto por las películas de surfeo mostradas en la playa Huntington a lo largo de la carretera de la costa. Muchas personas decían, "¿Cuándo es que ustedes dos se comprometerán?" Yo no estaba apurada en lo absoluto. Yo sabía que él ya no estaba disponible para las demás; nosotros ya estábamos comprometidos en los libros del Señor, y eso era suficientemente bueno para mí. Además, yo necesitaba terminar la escuela de enfermería.

Sin embargo, mi meta para terminar la escuela de enfermería había cambiado. El matrimonio sobrepasaba a las misiones, y la obediencia sobrepasaba al trabajo en el extranjero. Mientras que Dave y yo hablábamos, se volvió claro que Dave no había sido llamado para el trabajo misionero; su corazón estaba en la educación. Como esposa, era mi responsabilidad el doblegarme a él, no de la otra manera. Al pasar de los años, amigos me han preguntado si yo estaba siendo desobediente por abandonar las misiones por el trabajo. Mi respuesta fue esta: Dios nunca me llamó para las misiones; yo misma me había nombrado para ese ministerio, a causa de mi amor por Etiopía. Era lo que yo quería hacer; era la resolución de un deseo personal. El matrimonio, sin embargo, es un designio infinito por Dios. ¿Cómo podría yo igualar su designio a mi deseo? No, el matrimonio, en mi caso, definitivamente sobrepasaba las misiones.

Mi amor por Etiopía, mi interés en la labor misionera, y mi deseo para usar mis dones y habilidades con aquellos menos aventajados aún permanecían. Pero yo ya no andaba despreocupada y sin ataduras; estaba ligada a trabajar junto a otro, vinculados por el mismo yugo. Mis planes para mi vida tenían que ser voluntariamente sometidos a la vida del hombre al que yo había sido nominada.

Yo recibí mi título, y me gradué un sábado en Junio de 1976, y me retiré con mi familia. De donde vengo, si una mujer no estaba comprometida, ella debía regresar a su hogar luego de su graduación; el regresar a Dallas nunca se cuestionó.

Como Dave dice, cuando él me vio irme en esa grande furgoneta, algo sucedió dentro de él. Él se sintió perdido. Él llamó a la esposa de nuestro pastor, Doris Haes, y dos días después ella se sentó al frente de él y le dijo, "¿Acaso no sabes que tienes que casarte con esa chica?" Con esta orientación clara, ¡él no perdió el tiempo! Yo pensé que él vendría a Dallas en Setiembre y que nos casaríamos en Diciembre. En lugar de eso, él vino a Dallas en Julio y nos casamos seis semanas después.

El 11 de septiembre de 1976, el Señor estableció nuestro matrimonio en la Iglesia Bíblica de Gracia en Dallas, Texas. Fue la primera boda vespertina en esa iglesia. Fue relativamente una reunión simple. Mis hermanas fueron mis damas de honor, vestidas en un arcoíris de colores, y una variedad de hombres fueron los padrinos, incluyendo a nuestro amigo Rubens Marshall. Yo cosí mi vestido de novia y mi madre hizo los vestidos para las damas de honor. Dave y los padrinos vistieron trajes tradicionales Hawaianos, una camisa blanca, y pantalones blancos. Yo cargué un ramo de flores en cascada, y Dave tenía un maile lei cubriendo sus hombros.

Como parte de nuestra ceremonia nosotros pusimos pikake leis alrededor de nuestras madres. Para mí, toda esta algarabía de boda era para el beneficio de mis padres y aquellos que me habían apoyado durante los años; yo no podía negarles el gozo de nuestro día de boda.

El día de hoy muchas parejas jóvenes tienen bodas completamente egocéntricas; "¡Este es mi día!" le dicen a todos. ¡Qué manera más triste de empezar la vida de matrimonio! En lo que a mí respecta, solo diga las palabras mágicas que me harán su esposa — ¡todo lo demás podría ser desechado! ¡La simple chica africana en mí se mostraba de nuevo!

Hasta el día de hoy, "Sra. Black" es mi nombre favorito.

 # Recién Casados

El Principio

Cuando dije "acepto" a David Alan Black a la edad de 23, supe que no habría un "y vivieron felices y comieron perdices". Yo había vivido suficiente y había visto más que bastante del mundo para no creer todo lo que salía de Hollywood. Pero si tenía la suposición que si las cosas se hacían "correctamente", entonces todo saldría bien. En otras palabras, si las fórmulas apropiadas se aplicaban a cada situación dada, entonces Dios de alguna manera movería su varita y así podría hacer aparecer el resultado que deseábamos.

Nuestro matrimonio tomo lugar cuando Bill Gothard y sus Conflictos Básicos Juveniles era lo que causaba furor. Él presentaba fórmulas para cada escenario en la vida. Todo estaba bien presentado y empacado, acompañado de versículos, diagramas, y testimoniales apropiados. No niego que había verdad en estos materiales. Pero el rol del Espíritu Santo y la totalidad del consejo de las Escrituras  estaban siendo minimizadas a favor de estas fórmulas. El resultado final era una vida de obras, fundada sobre la razón espiritual y la autodisciplina del hombre. Sin darme cuenta, esta estrategia de vida me absorbió. Algo sobre su orden y pulcritud me atrajo.

Una segunda influencia en los inicios de mi matrimonio fue la familia en la que crecí. Cada pareja es altamente influenciada por sus propias familias. En la mía, nunca había existido alguna rebelión frecuente entre los hijos, y mis padres parecían estar en paz el uno con el otro. Alrededor de nosotros, había jóvenes de buenos hogares tirando todo por la ventana para unirse al mundo de las drogas, vivir en comunidades hippies, o seguir un estilo de vida "libre". Pero no había nada de esto en el hogar de los Lapsleys. Nosotros lo atribuimos a nuestro trasfondo misionero y a nuestro relativamente pobre, simple estilo de vida.

La influencia final sobre mí como una novia joven fue la psicología cristiana. Era una nueva disciplina que estaba rompiendo la barrera del término "incrédulo". Por mucho tiempo, cualquier cosa psicológica era etiquetada como algo en contra de Dios. Pero para cuando ya estaba casada, algunas guías cristianas de psicología popular estaban cobrando más importancia. Una de estas guías era El Diseño de Dios para el Matrimonio por Gary Smalley; se volvió mi libro guía.

Al empezar mi matrimonio, estas cuatro cosas me guiaron:

Dios estaba en mí, y Él podía hacerme una buena esposa y madre.

Debo confiar en mi intuición.

Si tengo la correcta comprensión (fórmula), entonces la consecuencia natural sería un éxito.

Debo alcanzar un estilo de vida simple, natural, holístico; debo cortar toda influencia del mundo que pueda llevar a las esposas y a los hijos por el mal camino.

Dave y yo éramos diferentes. Él era Hawaiano de tercera generación, aunque él no tenía sangre Hawaiana en él. Su madre se divorció de su padre cuando él sólo tenía tres años; él nunca conoció a su padre. Su padre, abuelo, y sus tíos fueron todos alcohólicos. Él creció en casas rentadas y complejos de apartamentos y comía sobras de comida de la escuela pública de enfrente de donde vivía. Ellos nunca tuvieron un carro; de hecho, su madre no tenía una licencia para conducir. Él pasaba los 365 días del año surfeando en todos los puntos de surf en la isla de Oahu, incluyendo las olas más altas de la costa norte. Él era el más joven de los cuatro hijos y era el consentido de la familia. Su madre trabajaba duro como secretaria, tratando de mantenerlos a todos, así que ella estaba ausente para formarlos y disciplinarlos. A la edad de ocho, Dave y su madre siguieron a sus hermanos mayores a un bautismo de iglesia. La siguiente semana ellos regresaron y empezaron a atender a la

La Historia de Mi Vida 51

Primera Iglesia Bautista de Windward. Un domingo por la noche Dave fue hacia adelante a expresar su deseo de aceptar a Cristo como su Salvador; su madre caminó detrás de él. Ese año la familia entera nació de nuevo dentro del Reino de Dios.

A la edad de catorce, todo el horror del divorcio y la falta de una figura paternal le afectó fuertemente a Dave. También se dio cuenta de que la gente en la iglesia diciendo que son cristianos no siempre actúan como Cristo; la hipocresía le hirió profundamente. Él dejó la iglesia, prefiriendo pasar sus domingos en la playa. Su pelo creció largo, y las noches del sábado las pasaba tocando la trompeta para una banda de rock en un club. Pero nuestro Señor es también el Señor de la playa. Salmos 139 enfatiza que no importa cuán lejos corramos nunca estaremos fuera de su presencia. La playa fue su creación, y Su Evangelio penetró esa playa una mañana a través de la voz de un predicador callejero. Él era parte de un grupo extenso de cristianos desilusionados con el grupo de la iglesia formal, que solo se sentaban en un banco y quedaban callados. Se llamaban a sí mismos "Jesus Freaks" ("Los Fenómenos de Cristo"). Ellos tenían el puro deseo en sus corazones de seguir a Jesús, aunque habían algunas maneras en las que ellos hacían caso omiso de Su enseñanza de gracia hacia aquellos que eran diferentes (es decir, "lo establecido"). En el caso de Dave, mientras él escuchaba al Evangelio con nuevos oídos, su corazón respondió, y por un periodo de tiempo él tenía reuniones de iglesia en la playa con los otros "Jesus Freaks". Él devoró las Escrituras. Él bebió las enseñanzas. Él vio a su verdadero Padre como nunca antes. Por fin su alma herida, confundida, y sedienta estaba recibiendo las aguas frescas y el bálsamo curativo de la verdad de Jesús. A la edad de dieciséis él se dio cuenta que él también había sido un "hipócrita". Él no tenía el derecho de juzgar a aquellos que conoció en los establecimientos de la iglesia. Así que él renovó su relación con la Primera Iglesia Bautista de Windward, y se convirtió en el director del coro y el pastor de jóvenes. Él solo tenía una meta en la vida: conocer a Dios como su Padre. Después de graduarse de la secundaria, él pasó un año en la Universidad de Hawái, y luego se mudó a La Mirada, en California, para unirse a los otros estudiantes de seminario estudiando para tomar parte del ministerio cristiano.

Su deseo de enseñar griego es otra historia interesante del diseño soberano del Señor. Para conseguir su título del seminario, se requería que tomara dos años de griego. Él podía a las justas hablar decentemente el inglés; ¡el inglés pidgin de Hawái seguía sobresaliendo! La idea de aprender un lenguaje extranjero le asustaba. Dave pospuso sus estudios requeridos de griego hasta su último año de la universidad. En el otoño de ese año, él se inscribió en el primero de cuatro cursos de griego. Todos conocían la filosofía del Dr. Sturz, quien daba las clases de griego: Ser increíblemente estricto las primeras tres semanas, así eliminar a los estudiantes menos preparados, y continuar con el curso. Dave fue uno de esos eliminados. Él consideró cambiar su carrera, como muchos otros, del curso de seminario Bíblico, a Educación Cristiana, el cual no requería griego. En vez de eso, se inscribió en un curso de correspondencia para griego ofrecido por el Instituto Bíblico Moody. A una velocidad relámpago, él pasó los primeros dos cursos, obteniendo una "A" en cada uno de ellos. Luego él regresó al Dr. Sturz en la Universidad Biola para los últimos dos cursos. Él se graduó en junio de 1975 y ¡empezó a enseñar once horas de griego para el Dr. Sturz un año después! Durante las siguientes décadas Dave no sólo enseñaría griego internacionalmente, él también escribiría lo que se volvería el libro de texto de griego para principiantes más vendido. Ese libro, y muchos otros más, serian traducidos en varios idiomas y usados alrededor del mundo, incluso en países "cerrados", en ambas universidades "cristianas" y "seculares". Esta es la gracia soberana del Señor dirigiendo el trabajo y ministerio de Dave.

Aquí estábamos nosotros: una hija de misionera casada con un tablista, una cristiana multigeneracional casada con un cristiano de la primera generación, una viajera internacional casada con un chico isleño. Dios no pudo haber juntado dos personas más diferentes. Pero estábamos unidos en nuestro amor por el Señor Jesús y nuestro fuerte compromiso a obedecerle a Él en cada cosa.

Aunque muchos estén preocupados acerca de la compatibilidad, nosotros ponemos a Jesús en el centro de nuestra relación y dejamos que los problemas de compatibilidad se arreglen solos.

Una noche cálida y húmeda en el principio de Agosto de 1976, Dave había planeado su propuesta de matrimonio de la siguiente manera: "Yo creo que el Señor quiere que nos casemos. ¿Estás de acuerdo?" Esta base para nuestro matrimonio trajo estabilidad en muchos años difíciles. Su propuesta no estaba basada en su amor o sus emociones o chispas sensuales; estaba basado sobre un sentir del

La Historia de Mi Vida 53

llamado divino de Dios. No importaba cuán confundidos podríamos estar en entender las cosas del matrimonio, siempre supimos que Su mano estaba sobre nosotros y nos sostendría.

Nuestro primer deseo era el ser obedientes al Señor Jesús, pero el poder realmente comprender lo que la "obediencia" significaba era un obstáculo. El maligno, el enemigo de nuestras almas, está en el negocio de destruir todo lo bueno que Dios está haciendo. Su táctica número uno es la confusión, distracción, decepción, y la visión borrosa. Él raramente pelea sus batallas abiertamente; él raramente se muestra cara-a-cara, retándonos a levantar nuestros puños. Pero no, él se involucra en guerrilla y conflicto armado — sutilmente, atacando camuflado cuando nos sentimos cómodos o confiados.

En las siguientes dos décadas de mi vida, tuve que descubrir que mucho de lo que yo consideraba "obediencia a Dios" era en realidad "obediencia a la tradición", "obediencia a la cristiandad", o "obediencia a la psicología cristiana". Había poco espacio en todas estas sustituciones para la guía del Espíritu Santo, para la verdadera humildad ante Dios, para la gracia espiritual, y para la tolerancia

en la vida diaria. Había poco espacio para confiar en el carácter de Dios en simple obediencia a las Escrituras. Aunque yo amaba al Señor con todo mi corazón, yo estaba enteramente comprometida en obedecerle, y estaba completamente segura de su amor y compromiso a mí, la práctica de la vida bajo la guía y poder de su Espíritu se me escapaba grandemente. Yo estaba viviendo más que nada en mis propias fuerzas y en mi propio conocimiento, que brotaban de mis tradiciones, mi crianza, y mis lecturas.

Preparación para Basel

La primera meta en nuestro matrimonio era el completar la educación de Dave, para que así pudiese empezar el trabajo de su vida. La educación significaba un montón para Dave. Él fue el primero en su familia en graduarse de la universidad, y su visión estaba puesta en alto en el área de la educación. Luego de graduarse del Seminario Talbot con una Maestría en Divinidad, él puso su mirada en un doctorado en Europa.

Como su esposa, mi rol era el de motivarle y el de trabajar tan duro como pudiese para ganar los fondos necesarios para el estudio. Dave fue aceptado a trabajar bajo la supervisión del Dr. Bo Reicke en la Universidad de Basel en Suiza.

Era un programa de tres años que se enfocaba en la investigación. El atender clases era estrictamente opcional; conocer todos los idiomas necesarios para la investigación de doctorado no lo era. Mientras que yo trabajaba treinta y seis turnos por mes en el hospital, Dave trabajaba duro para aprender alemán, francés, griego, latín, italiano, holandés, y español. Durante este tiempo había una severa escasez de gasolina. En California, el gobernador declaró que nosotros podíamos comprar gasolina cada otro día, de acuerdo al último número en la placa de matrícula de nuestro carro. No recuerdo si éramos pares o impares, pero tenía que ser igual al día par o impar del mes. Dave se levantaría a las 2 de la mañana en el día que nos tocaba llenar gas, estacionaría el carro en la estación de gasolina, siendo el primero o segundo en la cola, y luego iría al frente de la calle a un café bar abierto todo el día y la noche; él iría a estudiar idiomas mientras él esperaba a que la estación de gas abriese.

Además de aprender todos estos lenguajes, él trabajaba en su investigación inicial para poder escoger el tema de su tesis. Él viajó a numerosas bibliotecas en el área del sur de California del Sur. Esto era antes de las computadoras personales, así que él tenía que físicamente ir a una biblioteca y abrir un libro. Él trabajó duro para prepararse a sí mismo para sus estudios de doctorado, mientras que tomaba once unidades en el programa de Maestría en el seminario Talbot y enseñaba once unidades de griego al nivel universitario en la Universidad Biola. Los años de 1976 a 1980 nos tenían trabajando y enfocados en la preparación del doctorado de Dave. En mayo de 1980, nos mudamos a Suiza.

La Vida en Basel

El gobierno requería que tuviésemos los fondos necesarios en la mano para nuestros tres años de estudio. En aquel tiempo, la carne en Suiza costaba cuatro veces más cara que en los Estados Unidos, y los vegetales tres veces más. Rentamos un apartamento de un cuarto con una pequeña cocina y una tina compartida. ¡La cocina era tan pequeña, que tenía poco espacio para voltearme! Cuando los invitados venían, los saludaba diciendo, "¿Te gustaría sentarte en la mesa o en la cama?" Una gran pared del apartamento era vidrio sólido, con vista hacia el jardín; ¡era maravilloso! Immengasse 18 era nuestra dirección de casa. La propietaria era mayor que nosotros; ella era de la generación que aún recordaba el rol de los Estados Unidos en derrotar a Hitler durante la 2nda Guerra Mundial, y ella

estaba contenta de rentarnos el apartamento para probar su apreciación. La generación más joven, sin embargo, tenía una relación de amor-odio con los estadounidenses; ellos parecían envidiar nuestra actitud feliz y despreocupada de la vida, pero odiaban nuestra dominación mundial.

Dave asistía a cada clase que podía en la universidad. Todas las clases eran en alemán. Para el invierno de 1980-81, él había empezado a escribir su tesis. Para junio de 1981, él había completado el prospecto ¡y ya había escrito su primer capítulo! Él iba a la universidad casi cada día, todo el día, a excepción de los domingos. El domingo era nuestro día, y lo compartíamos con una encantadora hermandad de creyentes llamados los Baptistengemeinde.

En Suiza, la población tenía que declarar a qué iglesia ellos

pertenecían; la Reformada o la Católica. Cuando ellos pagaban sus impuestos, ellos también pagaban su "diezmo"; el gobierno coleccionaba el diezmo y lo reenviaba al sistema religioso apropiado. Los creyentes "libres" eran aquellos que no pertenecían a ninguno de estos sistemas religiosos. Estos incluían a los menonitas, los bautistas, los pentecostales, etc. Estos eran usualmente congregaciones muy pequeñas. Cada creyente tenía que decidir si declaraba o no a un sistema religioso, y si pagaba el diezmo requerido a ese sistema, o si se declaraba "iglesia libre". De hecho yo sabía que esta era una decisión difícil; de alguna manera la voz se corría entre los vecinos y los líderes de la comunidad de que alguien era "libre", y sucedía una persecución. Algunos de los niños pequeños en nuestro Gemeinde sufrían pública humillación o rechazo en los colegios, porque se conocía que pertenecían a la "iglesia libre". Pero si estas personas pagaban un diezmo al gobierno, se volvía aceptable que asistan a una iglesia libre. Era el rastro del dinero, no el de la doctrina, con el que estaban preocupados.

Para mí, este año fue inmensamente un año de descanso. Pasé largas horas escribiendo a máquina la tesis de Dave en una máquina de escribir alemana. Yo tecleaba palabras que no entendía en muchos idiomas, y yo tenía que aprender un nuevo orden del teclado. Usamos la máquina de escribir en la oficina de un viejo amigo administrada por nuestro Baptistengemeinde. De otra manera, yo misma me dediqué a aprender alemán y a bordar a mano. Una dama anciana llamada Frau Schaub me dio lecciones de alemán cada semana. Ella y su esposo habían sobrevivido la guerra pero estaban llenos de amargura por el costo de ellos y su país. Ella amaba la jardinería y viajaba por todo el país esquiando por diez días cada enero— ¡incluso a la edad de 75! Un día, mientras yo tenía mis lecciones de alemán con ella, una amiga de ella la visitó; ellas habían estado trabajando en su jardín del patio trasero y habían excavado ¡una columna romana prehistórica! Esta cercana conexión a cosas prehistóricas era parte de nuestra vida en Suiza. Rutinariamente pasábamos edificios y edificios con fechas de 1000 o 1100 sobre sus puertas bajas. Nosotros caminábamos a través del viejo "Tor" (portón) para llegar desde nuestro apartamento a la ciudad central donde la universidad se encontraba. Tomamos un paseo en barco por el Río Rin hacia una antigua colonización romana, completa con anfiteatro, baños, y alamedas. El primer sábado de cada mes había una inmensa venta de garaje en Petersplatz. Allí encontré a alguien vendiendo antiguas monedas griegas y romanas; compré algunas para las clases de Dave.

Los meses de invierno en Suiza eran terribles. Nunca fuimos a los bellos campos para esquiar. Nuestro mundo era el de los viejos edificios grises y monótonos, la lluvia helada, la nieve sucia, y los termostatos controlados centralmente. La propietaria controlaba el termostato para todo el edificio. Se prendía al final de Octubre, y se apagaba en Marzo. ¡Me sentía tan fría hasta los huesos! La única manera en la que podía calentarme era sumergirme en una tina de agua hasta mi cuello, luego secarme rápidamente y apresurarme a meterme en la cama. La depresión era común entre la gente durante los meses de invierno. Yo construí mis propios momentos felices en nuestro pequeño apartamento al bordar. Yo tenía todo el material y los estampados para hacer mis colchas. Uno de mis diseños favoritos se llamaba "La admiradora de la Abuelita". Lo hice en variaciones de rosado, y se lo di a mi hermana Lisa como un presente de graduación de la universidad. Estuvo en exposición en una tienda de "colchas de retazo" en el centro de la ciudad de Basel por muchos meses. Una persona me ofreció $600 para comprarlo, pero ya se lo había dado a mi hermana. Además de tejer, durante las largas horas cuando Dave estaba en la universidad y el clima era frígido, yo practicaba piano. Para el día de San Valentín en 1981, yo toque los tres movimientos de Claro de Luna de Beethoven para Dave. ¡Eso fue un gran logro!

Yo digo que este tiempo en Suiza fue considerablemente un tiempo de descanso, pero había otro gran proyecto en el que trabajé. Fue un trabajo emocional y espiritual. Había observado que cada persona debe mirar atrás a las decepciones de su niñez y debe hacer las paces con las faltas y equivocaciones reales o percibidas. No hay tal cosa como una niñez perfecta; no hay tal cosa como padres perfectos. El pecado ha devastado la totalidad del espectro de la existencia humana, incluyendo aquellos días "inocentes" de la infancia. Una parte de crecer y volverse un adulto maduro es el aceptar y lidiar con el efecto del pecado sobre esos años inocentes. En mi observación, este "viaje" ocurre entre las edades de quince y treinta. En mi caso, este ocurrió en los años justo antes de mi partida a Suiza. Muchas horas las pasé llorando devastada en mi dolor; incontables veces vocalicé cosas a un esposo preocupado que dio su mejor esfuerzo para ser mi consejero. Traté de conversar con mis padres, pero no parecían poder entender mi principal argumento.

Yo nunca olvidé el día en el que estaba sentada sola en nuestro apartamento en Basel, y el Señor me habló directamente con Su voz autoritativa y gentil. "Perdona". Era así de sencillo. No había necesidad de entender; no había necesidad de preguntar "¿por qué?;" no había necesidad de demandar que otros sintieran mi dolor. El Señor que lo sabía todo y lo entendía todo me dio la respuesta más simple: Perdona.

"Perdonar" es un término de contabilidad. Significa cancelar una deuda. Prácticamente hablando, significa que el mal que una persona me haya hecho ya no requiere una restitución. Es una elección de la voluntad, no una negación de nuestras emociones. Al escoger el perdón significa que ya no puedo buscar al villano a que me "retribuya". El balance de la cuenta se ha movido de "Cuentas por pagar" a "Saldo cero".

Por medio de la gracia del Señor Jesús, yo aprendí pronto a simplemente aceptar Su voz en cualquier asunto. Mi corazón era simple y confiado. Cuando Él decía "Perdona", me era fácil obedecer. Nunca olvidaré la carga del dolor que salió de mi corazón

La Historia de Mi Vida 59

mientras decía las palabras "te perdono" mientras imaginaba a todas las personas involucradas en mi niñez a quienes yo percibí que me habían herido. El día de hoy, cuando los jóvenes quieren presumir de sus daños, mi respuesta a ellos es la misma respuesta que el Señor me da a mí: "Perdona". Es así de simple.

"La Caída de 1980" vio la elección de Ronald Reagan a la presidencia. Todos nos bombardeaban con la pregunta, "¿Cómo pueden los estadounidenses elegir a una estrella de cine vaquero para que sea presidente?" Era duro para los suizos comprender esto. En mi caso, yo sentía que finalmente teníamos a un estadounidense real en la Casa Blanca. Yo estaba bien decepcionada de Jimmy Carter; él se veía tan débil y demasiado dócil. Yo era todavía una estadounidense patriota hasta la muerte ¡y me enorgullecía de eso!

Una de las más grandes dificultades para mí fue lidiar con la naturaleza reservada de los suizos. Mi naturaleza es abierta y amigable. Yo nunca he sido una extraña a otros, soy más que feliz de ayudar a cualquier persona que conozco. Los suizos, sin embargo, están poblados por gente no suiza. Ellos han tenido que lidiar con el problema del impacto al ignorarlo. Cuando caminaba por la calle, ni una persona me miraría o me saludaría. Mis saludos no eran correspondidos, ni siquiera con una palabra o una sonrisa. El silencio reinaba en el tranvía. Nadie ayudaba a nadie. La gente se volvía impaciente si el sistema se atrasaba por alguna persona en problemas. Si yo ayudaba a alguien, recibía miradas frías y molestas. Todo era muy eficiente, pero frio. Había orden y estructura, pero no había vida, no amor, no gozo. Dentro del Baptistengemeinde, sin embargo, las cosas eran diferentes. En este pequeño grupo de creyentes, nosotros compartíamos nuestra vida el uno con el otro. Nosotros reíamos, llorábamos, y comíamos juntos. Servíamos uno al otro. Pasábamos el tiempo en la casa de cada uno. Nos amábamos el uno al otro. En muchas maneras,  esta pequeña Baptistengemeinde salvó mi vida en Suiza.

En la primavera de 1981, Dave y yo tomamos unas vacaciones y viajamos a Grecia. ¡Que maravilloso lugar es ese país! Cálido, soleado, amistoso. Tal contraste a Suiza, que era frío y deprimente por muchos meses. Desde el comienzo de nuestro matrimonio, yo había tratado de hacer que a Dave le gustara el okra. Cuando nos casamos, una mujer me recomendó, "Sírvele algo nuevo tres veces, y si no le llega a gustar después de eso, olvídalo". Así que había tratado de ofrecerle okra de tres maneras diferentes, pero él simplemente no podía coger el truco de como comer esta maravillosa comida sureña. Durante nuestra primera comida en un restaurante en Grecia, automáticamente habían puesto okra hervida en cada plato. Dave lo devoró, entusiasmado con cuan maravilloso sabía. "¿Qué es esto?" me preguntó del otro lado de la mesa. "Es okra!" Yo estaba tan contenta; mi esposo se había convertido, ¡y finalmente podíamos comer okra en nuestro hogar!

Mientras estábamos en Grecia, sufrí una inflamación de mi artritis. Nuestro viaje se acortó, y tuvimos que regresar a Basel, llevada directamente al hospital. Yo sufrí muchas semanas ahí. Una de mis mejores amigas, una querida dama llamada Erika, vino a visitarme y me dijo después, "Te veías como un ángel" (lo que significaba, te veías como si estuvieses muerta). Ciertamente me sentía muerta; estaba muy débil. Pero Dios me levantó de nuevo, y Él usó esta experiencia para convencer al Dr. Reicke de que deberíamos regresar a EE.UU. para la finalización de la investigación y los escritos de Dave.

Nuestro último día en Suiza Herr y Frau Schaub nos invitó por un viaje de un día a Alsace, Francia. La noche antes de nuestro viaje Herr Schaub se armó de valor para entrar al único McDonald's en Basel para comprarnos unas hamburguesas. Cada viernes en la noche nos consentíamos en McDonald's; era el único restaurante para no fumadores en Basel, y era el único lugar que servía ham-

La Historia de Mi Vida

burguesas. Los suizos consideraban la carne de res como comida de perro. Fue realmente un acto de amor que Herr Schaub se rebajara al entrar al McDonald's. En nuestro almuerzo de picnic al siguiente día, ¡él orgullosamente mostró las dos hamburguesas que él se había comprado el día anterior!

Dejando Basel

Luego de nuestra partida de Basel, los Schaubs dejaron la pequeña Iglesia Bautista; sus corazones llenos de amargura parecían finalmente alcanzarles, y al parecer abandonaron su amor por el Señor Jesús quien los amó durante todo el periodo de la guerra. Solo Él sabe si ellos están en Su hogar ahora, pero las Escrituras son claras que el galardón de la salvación es para los fieles. Si nosotros empezamos con él, pero lo abandonamos en favor de la comodidad, del placer, la educación, o incluso la pena propia, entonces nuestro galardón se pierde. Una de mis más grandes oraciones es que el Señor nos mantenga fieles todo el tiempo hasta el final.

En el verano de 1981 regresamos al sur de California, dos años antes de lo planeado. Nos asentamos en los Apartamentos Tropicana en La Mirada. La mesita de comedor se convirtió en el escritorio de Dave, y pusimos una pequeña mesa plegable en la esquina de la sala para que sea nuestro nuevo comedor. Regresé a trabajar como enfermera, y Dave regresó a enseñar griego en la Universidad Biola.

El prospecto de tener niños comenzó a verse prometedor. A mí siempre me han encantado los niños. Mi madre tiene un instinto natural para con los niños, y de esa manera yo me parecía bastante a ella. Mientras que Dave trabajaba constantemente en su tesis, escribiendo Paul, Apostle of Weakness (tr. Pablo, el Apóstol de la Debilidad) (un estudio sobre la palabra griega "debilidad" en los escritos de Pablo), empecé a orar sobre la siguiente fase de mi vida: la maternidad.

Había dos cosas que me preocupaban. Primero, no quería criar a una familia en un apartamento. "Por favor, Señor, ¡ponnos en una casa antes de enviarme hijos!" Y segundo, quería tener mi primer hijo antes de tener treinta años.

Nunca olvidaré el primer día que fuimos en búsqueda de casa. Habíamos decidido asentarnos en el sur de California, puesto que estaba a la mitad del camino entre Hawái y Texas. Luego de que la docencia de Dave en Biola se aseguraba para un largo periodo, decidimos comprar en el área de La Mirada. El primer día nos reunimos con un agente inmobiliario y visitamos varias casas residenciales.

En la tercera casa, abandonamos todo esfuerzo. Estábamos en absoluto y total shock. ¡La condición de las casas y los precios eran increíbles!

Por todo un año, no podíamos ni siquiera mencionar la idea de una casa. Luego, en el verano de 1982, empezamos a buscar de nuevo. Encontramos una casa que estaba en la cima de las colinas Whittier; ¡me encantaba! Era la última casa antes de las colinas escarpadas sin construcción, y yo pensé que podría, de alguna manera, regresar a mi Etiopía si vivíamos ahí. Dave, sin embargo, no quería estar tan lejos de la universidad; él sentía que debíamos conseguir una casa dentro de una distancia a pie de la universidad, y así los estudiantes podrían caminar a nuestra casa. ¡Ay!, sí que sufrí con el Señor sobre esa decisión "Señor, me someteré a mi esposo. Buscaré casas en La Mirada, ¡pero no te atrevas a darnos una de esas casas residenciales!"

Entonces, un domingo en el que salíamos del estacionamiento de la iglesia, vimos un cartel que decía "En venta" para una casa justo en frente de la calle. Nos detuvimos ahí y conocimos a Wanda, la agente inmobiliaria. La casa no era para nada lo que habíamos estado buscando, era una casa de varios pisos en una calle concurrida sin lote sobrante. Pero cuando le contamos sobre nuestra casa de ensueño, coincidentemente la casa que encajaba con nuestra descripción justo había entrado al mercado. Se encontraba en una zona "agrícola" de la ciudad, ¡donde el área de los lotes llegaba a ser casi la mitad de una hectárea! Esta era una vieja casa de granja que había sido actualizada y expandida. Había veintiún árboles frutales y un jardín de vegetales. En aquellos días, la mayoría de las casas

La Historia de Mi Vida

en el área de Los Ángeles tenían muros sólidos (usualmente de bloque de cemento) alrededor de sus patios, pero en este vecindario, todas las cercas eran de alambrado, así que podíamos sentirnos como en el campo abierto. ¡Estaba emocionada! Silenciosamente, le agradecí al Señor por

escuchar a mi corazón y darme un hogar que acomodaría ambos el deseo de Dave de estar cerca a la escuela y mi deseo de tener algo que podría parecerse a los campos abiertos de Etiopía.

Nuestra hipoteca principal era a tasa ajustable. Esta era una nueva especie; nunca antes la industria hipotecaria había ofrecido hipotecas a tasa ajustable. Pero habían aprendido su lección. La tasa de inflación era 13%, ¡pero las hipotecas a tasa fija no se acercaban para nada a esos dígitos! Todos predijeron que las hipotecas a tasa fija eran una cosa del pasado. A causa de mi trabajo y los ahorros que nosotros aún teníamos de Suiza, luego de pagar una cuota inicial del 20%, pudimos calificar para una hipoteca de 16.50% y una segunda hipoteca administrada por los vendedores al 10%. El precio de la casa era de $125, 000. Dentro de las tres primeras semanas de mudarnos dentro de nuestra primera casa, nuestro primer hijo fue concebido. La fecha estimada de nacimiento era el 26 de abril, ¡exactamente quince días antes de mi treintavo cumpleaños!

 La Maternidad

Crianza y Cuidado Maternal

El lugar de los hijos en la vida es de mucha importancia. Como toda joven, yo deseaba un hogar y una familia, un lugar donde pueda proveer cuidado y protección para los más dóciles, niños a los que me pueda dedicar, y vidas a las cuales formar en salud, estabilidad, y piedad.

Siempre me han gustado los niños. A menudo yo bromeaba que había sido una madre desde que tuve dos años. Cuando mi hermanita Bonnie nació, yo siempre estaba al pendiente de ella, guiándola, y protegiéndola. Al ser la hija mayor de seis hermanos viviendo en el campo misionero, aprendí a una temprana edad como cuidar de los más pequeños. En mis años de pubertad, mi madre siempre me había puesto en posición de servicio a los niños: cuidando a los bebes, en la escuela dominical, y en la Escuela Bíblica de Vacaciones. Todo aquello relacionado con el cuidado práctico de niños se volvió automático para mí.

Mientras me acercaba a la etapa de la adultez, visualicé un hogar con cuatro hijos, una pequeña cerca de madera, y el vivir simple y cómodamente rebosante de felicidad. Por supuesto que mi visión siempre incluyó hijos obedientes quienes eran recíprocos a mi enseñanza y cuidado. Al ver a través del telescopio del tiempo, vi hijos que seguirían al Señor con una vida limpia, quienes entrenarían muy bien a sus propios hijos, y quienes atesorarían a su madre, retornando su amor a ella.

Las Escrituras tienen mucho que decir sobre los hijos. Nuestra tendencia es el enfocarnos en algunas partes de esa enseñanza, y el ignorar todo lo que no podemos entender ni lo que nos acomoda. Esto es cierto de individuos y de ministerios de iglesias.

Salmos 127:3 dice, "He aquí, herencia de Jehová son los hijos; cosa de estima el fruto del vientre". Y Génesis 3:16 dice: "Multiplicaré en gran manera los dolores en tus preñeces; con dolor darás a luz los hijos". Ambos de esos versículos vienen de las mismas Escrituras. Sin embargo parecen dar mensajes contradictorios. Las Escrituras hablan del gozo, la comodidad, y el orgullo que los niños brindan, pero también del dolor y el pesar. ¿Cómo es posible que ambas posiciones opuestas sean ciertas?

La respuesta es simple: En un extremo se encuentra el plan y deseo de Dios; el otro extremo es un resultado natural del efecto del pecado sobre la vida familiar.

Todo tipo de ministerios cristianos se han levantado para lidiar con esta dicotomía — Bill Gothard, Enfoque a la Familia, Chuck Swindoll, para nombrar unos pocos. Estos ministerios brotaron en el tiempo en el que yo era una mujer joven, ansiosa de tener mis propios hijos. Cada voz tenía un diferente mensaje, una nueva perspectiva, en cómo lidiar con el pecado que se asentaba en el corazón de cada hijo, para que la bendición que Dios quiere que salga de cada niño sea realizada. Ellos encarnaban una mentalidad de lista de verificación: si yo, como madre, hago A y B, pero no C y D, entonces escaparía el problema del pecado y tendría un hijo perfecto.

La esencia de la maternidad incluye la idea del cuidado maternal. Este cuidado puede ser físico, académico, social, espiritual — cualquier manera en la que una mujer ayude a otro que sea menor a desarrollar su madurez. El Señor me ha bendecido con ambos hijos biológicos e hijos no biológicos. Al haber estudiado la enseñanza de Jesús en Marcos 3, Lucas 14, y la vida de Pablo, creo que no enfatizamos lo suficiente el aspecto espiritual de las relaciones. Los hijos biológicos y no biológicos son iguales a mis ojos.

¡El cuidado y la maternidad toma mucho trabajo! Personalmente, yo creo que el cuidado maternal es el trabajo más duro que existe. No sucede automáticamente después de dar a luz igual que la paternidad no sucede automáticamente luego de engendrar. Cuán confundida está nuestra generación en este asunto. Muchas madres se sientan en frente de la televisión, absorbidas en el último *talk show* mientras que el bebé gatea por todo el suelo; ellas creen que están "cuidando" al pequeño. O tal vez están dándole de comer a sus hijos cualquier cosa que sea fácil de preparar sin pensar en la nutrición o el desarrollo del carácter en la mesa.

La Maternidad: Los Primeros Años

Como mencioné antes, le había preguntado a Dios que me diera mi primer hijo biológico antes de que tuviera treinta y luego de que tenga una casa. Él fue clemente en responder esta petición. El nacimiento de mi primer hijo fue tres semanas antes de mi cumpleaños, y él fue concebido unas tres semanas luego de mudarnos a nuestra primera casa. Alabo a Dios por escuchar las oraciones de mujeres sencillas.

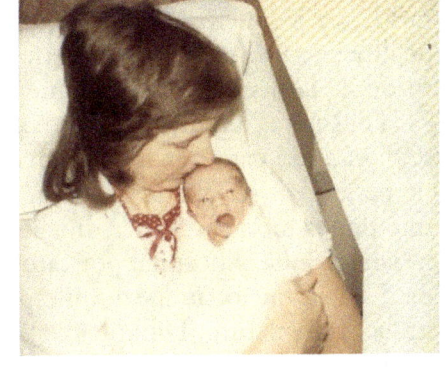

En mis primeros años de maternidad, aprendí a identificarme con Agar, cuando ella se rindió a *El Roi*, "El Dios que Ve". ¿Recuerdas cuando ella fue expulsada del hogar de Abraham? Ella se fue con su hijo, Ismael, un odre de agua, y un poco de comida. No pasó mucho tiempo hasta que estaban al borde de la muerte en el desierto. En su desesperación, ella clamó a Dios. Ella estaba sola en ese desierto. Nadie compartía su problema. Nadie conocía su dolor. Ella estaba sola con su hijo. Solo Dios sabía lo que estaba pasando. Hubo muchas veces en las que Dios, y sólo Dios pudo ver las dificultades que tuve en la maternidad. Creo firmemente que las madres tienen un lugar especial en el corazón de Dios. Yo aprendí de joven a confiarle mis hijos al Señor. Recuerdo claramente más de una ocasión cuando mi hijo dormía demasiado y no despertaba a tiempo. Mientras me dirigía a su cuarto, la idea de SMSL (Síndrome de Muerte Súbita del Lactante) me abrumaba. Me forcé a mí misma a detenerme antes de la puerta cerrada del dormitorio para encontrarme con el Señor con tiempo suficiente para decirle, "Padre, confío en ti, sea lo que sea que pase al otro lado de la puerta". Gracias a la providencia de Dios, nunca perdí a un hijo físicamente, pero mi corazón estaba listo a aceptarlo sea que Él considere que aquello debía ser el curso de mi vida.

Siempre había querido tener cuatro hijos biológicos, pero Dios escogió solo darme dos; ambos hijos varones. Estoy segura que hay mujeres en el mundo que tienen pavor a los bebés. Por alguna razón, ellas no encuentran dentro de su ser el gozo innato de tener un bebé. En mi caso, el gozo que yo tenía por los bebes ¡era indescriptible! Las Escrituras dicen, "María guardaba todas estas cosas, meditándolas en su corazón". Puedo identificarme con ella. Como madre primeriza, el deleite era simplemente inexplicable. La piel suave, la manera en las que sus ojos azules me miraban a mí, la manera en que desarrollaban su agudeza muscular. ¡Era una maravilla!

Los primeros años ellos fueron un poco difíciles porque mis dos hijos fueron prematuros, y solo tenían diecinueve meses de diferencia de edad. Además, trabajaba a tiempo completo en el turno de la noche como enfermera. Yo atendía a mi primer hijo cada dos horas durante todo el día. Después de seis semanas Dave se fue a Suiza para tomar sus exámenes de doctorado. Yo comencé un periodo de ser madre "soltera". Ese periodo de seis semanas fue uno de los momentos más difíciles de mi vida. Mi artritis estaba inflamada, iba al hospital por catorce horas tres noches a la semana. Estaba funcionando sin mi esposo. Y era madre primeriza con un bebé prematuro. Durante ese tiempo, Dios me encerró para Él mismo, y yo descubrí Su suficiencia en la maternidad.

Mientras que los niños crecían me enfoqué en crear un hogar que fuera natural, simple, y alegre. Teníamos una selección variada de animales de granja — pollos, cabritos, pavos, y muchos otros más. Teníamos veintiún árboles frutales y un jardín de ochenta metros cuadrados; era mi deleite el embotellar y preservar todos estos productos. Yo trabajé duro para hacer de nuestro hogar un hogar feliz. Casi todos los días se escuchaba en la casa música para niños con buenos mensajes y con melodías alegres, con el reproductor de casetes. Tomé ventaja de esta nueva música producida por *Psalty* para niños y por *Maranatha* para adultos. Ambos proveían mensajes verdaderamente Bíblicos igual que harmonías motivadoras. Yo presté atención a las necesidades físicas de los niños, para que no se estresaran indebidamente con hambre, fatiga, un cambio repentino de horario, calor o frío, o con sobrecarga sensorial.

La Historia de Mi Vida

Maternidad: Los Años Centrales

Traté bastante de aislar nuestro hogar de todas las cosas feas del mundo. Me encargué de hacer sus pijamas y la decoración de su cuarto. Luego de veinticuatro años, el rojo era de nuevo mi color favorito. Los primeros cuatro años del colegio internado yo me ponía algo rojo cada día ¡y crecí detestándolo! Así que su cuarto estaba pintado de un alegre rojo como el color de un camión de bomberos. Teníamos un set de TV, pero no veíamos mucha televisión. Nos encantaba leer juntos. Los libros *Arco* de *Historias Bíblicas para Niños* eran nuestros favoritos; estos pequeños libros contaban las historias de la Biblia en rima. Dave añadía todo tipo de efectos de sonido, ¡y nos encantaba!

Mientras que los chicos maduraban en su juventud, sus amigos siempre querían estar en nuestra casa. De hecho, cuando ellos eran adolescentes, muchos venían a vivir con nosotros por un periodo de tiempo. Era mi gozo el incluirlos bajo mi cuidado maternal.

El cuidado maternal y la crianza son el puente a todos los dominios del desarrollo humano. El cuidado físico, en mi opinión, significa anticipar las necesidades físicas como el descanso, la nutrición, y la prevención de la sobrecarga sensorial. Yo siempre trataba de prevenir el estrés físico innecesario. La crianza también significa la asistencia espiritual. Además de orar y leer historias Bíblicas todos juntos, yo intencionalmente orientaba el día a día a conversaciones sobre asuntos espirituales. Por ejemplo, mientras sacábamos la mala hierba del jardín de vegetales yo hablaba de las "malas hierbas" en nuestras vidas que nos mantenían de ser plantas productivas. Mientras que raíamos y trasplantábamos, yo discutía como Dios tiene un plan de trasplantar a Su gente para prevenir que se repleten. Recuerden, él dijo, "Id por todo el mundo". Debemos permitirnos ser trasplantados deliberadamente, para que así el Evangelio se expanda y nosotros nos volvamos más fuertes en la fe.

La crianza maternal también significaba guiar a mis niños en sus relaciones sociales, y en asistirles en hacer amistades sabias. Nosotros siempre nos gozábamos con los amigos de mis hijos, y raramente sentía la necesidad de intervenir. Un montón de esto vino de observación y guía proactiva desde el principio.

Por último, la crianza significaba que yo les ayudara en su desarrollo académico. En aquellos tiempos, la educación en el hogar era un nuevo movimiento. Una mejor amiga de la universidad, Janice Fouts, me habló acerca de la educación en el hogar. Ella vino a visitarme cuando mi primer hijo nació, y ella ni siquiera estaba lejos del porche delantero cuando ella me preguntó, "¿Vas a tener clases en casa?" Yo nunca había escuchado tal cosa. Pensé en lo que eso podría significar. Rápidamente dije, "¡De ningún modo! Yo sentí que no tenía la experiencia para enseñarles a mis hijos en la misma casa. Pero mientras que el tiempo pasaba, yo empecé a jugar con la idea. Yo descubrí que no era tan difícil, al menos en los primeros años. Yo sería capaz de enseñarles cosas más importantes como la integridad, una fuerte ética de trabajo, y autodisciplina. Seguramente yo podría enseñarles el ABC. Por la providencia de Dios mi hijo mayor era talentoso académicamente. Eso fue una motivación para mí.

Los únicos libros sobre la educación en el hogar en aquel tiempo eran de Ray y Dorothy Moore, dos neurólogos. Su mensaje se centraba en que la educación estructurada, aquella que requiere que los niños se sienten en los escritorios, debía ser pospuesta hasta los ocho años, especialmente con los varones, debido a su demora del desarrollo neurológico. Por esta razón, nuestro compromiso era el de educarlos hasta el tercer grado. Aunque no había un currículo disponible para padres educadores en el hogar, los menonitas gentilmente nos permitieron usar el suyo. Luego del tercer grado, nosotros pusimos a los niños dentro de un colegio cristiano privado. Era el mejor colegio en la zona. Pero después de dos años, nosotros estábamos convencidos de que la educación en el hogar era la manera más efectiva de criarles y de educarles. Nosotros regresamos a la educación en casa comprometidos hasta el final de la secundaria. Este trabajo se volvió mi responsabilidad, y eso se volvió mi caminar especial con el Señor puesto que tenía que mantenerme fiel día a día y semana a semana. Nadie me observaba a excepción del Señor, ¡y muchos días quise renunciar! Pero yo sabía que el Día del Juicio vendría, y yo quería escuchar su, "Bien, buen siervo y fiel". Le alabo a Dios que junto con Su Espíritu, Él me fortaleció para completar ese gran trabajo.

A seguido he pensado de la similitud entre el trabajo del Espíritu Santo y el trabajo de una madre. El trabajo asignado al Espíritu Santo es el de consolar, corregir, recordar, y enseñar, todo el día, día a día, y semana a semana. Le agradezco a Dios de que él me dio un ejemplo por medio del Espíritu Santo para alentar y guiarme en este trabajo difícil.

La Maternidad: Los Últimos Años

Mientras me hacía mayor, el Señor me bendijo con muchos hijos no biológicos. ¡Que gozo y alegría han sido todos! Ellos han sido varones y mujeres, estadounidenses y etíopes, de todas las edades. Aunque nunca formalmente adoptados, en cada caso ha habido un reconocimiento formal del rol maternal que Dios me ha dado en sus vidas. Mi labor en sus vidas ha sido el de consolar, corregir, recordar, y enseñar. Esta ha sido una tremenda bendición indescriptible, el verlos florecer a cada uno de ellos bajo mi cuidado. De hecho, mientras escribo esto, una de estas hijas no biológicas toma mi dictado. ¡Que gozo poder compartir del ministerio juntas!

Una cosa que me ha impresionado grandemente sobre los años es la realidad de la voluntad individual. Cuando mis hijos tenían alrededor de ocho años, yo tenía pendiente un serio ajuste de cuentas con el Señor acerca de la voluntad de mis hijos. En aquel tiempo, cada vez que yo pensaba que ellos harían su propia voluntad contra el Señor, me afectaba tanto que me volvía completamente incapacitada. Un día estaba manejando, y ese tipo de pensamiento vino a mi mente. Yo tuve que desviarme y detener el carro. Luego Dios me dijo, "Becky, si sus elecciones te afectan de tal manera, entonces este problema se ha vuelto un dios para ti". En ese momento me di cuenta de que nada debería afectar mi paz, mi gozo, o seguridad en esa medida. Ese día yo confesé y me arrepentí de mi idolatría.

Cuando los hijos son jóvenes, una madre puede tratar de entrenar la voluntad de uno a través de la razón, los incentivos, y la disciplina, pero por último, la sumisión de la voluntad es el trabajo del Espíritu Santo. Esta lección me ha servido mucho durante todos estos años. Él me recuerda a seguido de lo que constituye la idolatría. Y Él me insta a menudo a seguir Su ejemplo ambos en el Jardín del Edén y en mi propia vida, donde Él ha respetado la voluntad individual aunque haya traído mucho sufrimiento y disfuncionalidad. Le alabo a Él por Su paciencia y generosidad en enseñarme esta lección.

Mucho énfasis se da el día de hoy al discipulado. La idea es que un creyente mucho más maduro se reúne con un creyente más joven, con la meta de vivir una mejor vida por medio de las Escrituras. Muy a seguido esto se realiza en un formato estructurado. En mi caso, eso nunca me ha importado. Me parece forzado y artificial. Creo que la crianza en situaciones de día a día es un método más efectivo y tal vez más bíblico para el discipulado. Al mirar el 2do capítulo de Tito, y los ejemplos de mujeres del Nuevo Testamento, me siento alentada a seguir un modelo maternal de discipulado. En cualquier día, recibo dos o tres llamadas, correos electrónicos, o visitas de mis hijos no biológicos. No nos reunimos en un día planeado para conversar de un tema específico. Más bien, mientras nuevas situaciones aparecen en sus vidas, nosotros revisamos como el carácter de Dios o las instrucciones de las Escrituras encajan con lo que están viviendo. Me he dado cuenta que este es un método muy efectivo de discipulado.

El día de hoy muchos hijos no biológicos reclaman una relación personal conmigo. ¡Cuán grandemente bendecida soy! Muchas veces nos dicen "la sangre llama", lo cual significa que no hay otra relación más cercana que aquella que es determinada por el ADN. Esto, sin embargo, no es cierto de acuerdo a las enseñanzas de Jesús y el Nuevo Testamento. Le alabo a Dios de que Él me ha ayudado a entender la maravillosa relación que puede existir dentro de la familia de Dios, cuando ambos "madre" e "hijo" lo aceptan a Él como Señor. Muchos de mis hijos no biológicos me llaman "Mamá B". De acuerdo a Romanos 16, incluso el apóstol Pablo tenía una "Mamá B", alguien que le apoyó, y estaba lista para darle aliento, consejo, consuelo, y palabras de sabiduría.

Proverbios 31 describe a la esposa "perfecta". Ella es diligente, ingeniosa, sabia, y emocionalmente estable. El capítulo concluye con, "Se levantan sus hijos y la llaman bienaventurada". Ha sido mi gozo el poder recibir muchas bendiciones de todos mis hijos estas décadas. ¡Amén!

# Mayordomía Aplicada (Profesiones)

Enfermería

Las siguientes dos décadas de mi vida podrían ser tituladas "El Sueño Americano: Estilo Cristiano". Este título, por supuesto, es considerado con un poquito más de sabiduría y comprensión del que yo tenía en aquel tiempo.

Una tarde, con tres años de casados, Dave me dijo sobre su deseo de estudiar su doctorado en Europa. Yo pensé, "¡Eso nunca pasará!" Yo no podía imaginar a mi chico hawaiano entre las catedrales de Europa. Yo ya había ido a Europa muchas veces; no tenía ningún encanto para mí. Pero Dave nunca había ido, y le fascinaba. Como "buena" esposa, yo creí que era mi labor hacer todo lo que era necesario para facilitar su sueño. Así que trabajé a tiempo completo y horas extra en enfermería para conseguir los fondos necesarios para solventarnos por tres años en Suiza. Mientras tanto, Dave continuó enseñando griego como profesor adjunto en Biola, mientras completaba su Maestría en Divinidad en el Seminario Teológico de Talbot.

Me gustaba la enfermería. Yo era una ardua y diligente trabajadora al máximo nivel. Rápidamente descubrí la Unidad de Cuidados Intensivos (UCI). No solo era un trabajo estimulante, ¡también era el único lugar en el hospital que era para no fumadores! En este momento en la historia, los fumadores gobernaban al mundo, y los no fumadores no tenían derechos. Si yo caminaba dentro del cuarto de un paciente y el paciente, o la familia, estaban fumando, yo sentía mis pulmones quemarse y tener un espasmo. Pero la UCI, era un área de no fumadores a causa del oxígeno requerido. Salir de la unidad por un tiempo de receso o almuerzo era como tomar mi vida en mis propias manos. La cafetería tenía una "sección de no fumadores", pero a nadie se le ocurría recordarle al humo quedarse en su propia sección. En 1979 yo le pregunté al Director de Enfermería en el Centro Médico del Hospital Whittier en Whittier, California, para que designara un pequeño cubículo como sala de descanso para enfermeras que no fumaban; mi pedido fue negado. Entonces empecé a recolectar firmas; conseguí cientos de firmas de enfermeras quienes también querían una sala de descanso para no fumadores. Nuestro pedido fue negado de nuevo. Como resultado, muchas veces me saltearía los recesos y seguiría trabajando. El día de hoy, por supuesto, no solo los hospitales tienen áreas designadas para no fumadores, pero también las áreas externas alrededor de esos hospitales son zona de "no fumadores". ¡Cuánto han cambiado los tiempos!

Me encantaba el cuidado intensivo de enfermería. Muchas cosas nuevas surgían en la escena médica. Trabajé en muchos hospitales en el sur de California. En algunos de estos hospitales yo era parte del personal permanente, pero en muchos otros yo trabajaba por medio de una agencia. Había una gran falta de enfermeras en la mitad de los años 1980, a pesar de que nuestro país traía aviones llenos de enfermeras de las Filipinas, Canadá, y Europa. En un hospital, habían tantas enfermeras filipinas trabajando que un gran cartel se había colgado en la unidad: ¡Hablen Inglés! Recuerdo claramente escuchar a una enfermera de Tailandia discutir con un doctor de la India sobre un paciente. Era obvio de que ellos no se entendían el uno al otro; de hecho, ¡la enfermera estaba hablando sobre uno de los sistemas del cuerpo humano y el doctor hablaba sobre otro! Yo me di cuenta de que si no intervenía, este paciente sufriría un gran daño, sin que sea la culpa de nadie excepto de la barrera del idioma.

Me encantaba observar las varias culturas expuestas en la práctica de la enfermería. En un hospital el personal de enfermería era casi 1/3 caucásico, 1/3 afroamericano, y 1/3 filipino. Que tal estudio sobre culturas mientras observaba las relaciones entre doctores, la ética de trabajo, y la resolución de problemas. ¡Me encantaba la variedad cultural en el sur de California! El único momento en el que me metí en problemas fue cuando se me salía el acento sureño. "Sí, señor" y "No, señora" era recibido a menudo con una expresión de molestia. "¡No estoy en la Armada ahora!" ¡Suelta el 'señor'!"

Por supuesto, yo solo estaba tratando de ser cortés, y francamente era algo tan automático que realmente no podía evitarlo. Pero por cada persona que explotaba en enojo había una persona que decía, "Gracias por ser tan amable". La cultura es una cosa asombrosa.

Nunca olvidaré el comienzo del VIH/SIDA. Por supuesto, no tenía un nombre en aquel entonces. Lo único que sabíamos era que repentinamente un gran número de hombres en San Francisco estaban muriendo, de una causa desconocida. Los Ángeles no estaba muy lejos de San Francisco. Todos en la comunidad médica estaban en alerta. Puesto que no sabíamos que era lo que causaba esta tragedia, había un pánico general. ¿Era el agua? ¿Era la contaminación del aire? ¿Era un efecto secundario de alguna medicina común? ¿Era una fuente desconocida de radiación? Todos preguntaban "¿Por qué?" Y hasta que hubiese una respuesta adecuada a esa pregunta, las enfermeras tomaban toda precaución. Hasta ese momento, las enfermeras usaban guantes solo cuando hacían trabajos desagradables. Se nos enseñó como dar al paciente cuidado de tal manera que nuestras manos raramente se ensuciaran. Yo sé que suena horrible ahora pero, realmente, rara vez nosotras usábamos guantes para el cuidado rutinario. Pero mientras la noticia de esta terrible enfermedad se esparcía, las enfermeras empezaron a usar guantes cada vez que tenían contacto con pacientes. No teníamos prueba de su efectividad, pero era la única cosa que sabíamos que podría protegernos. Yo recuerdo a la administración del hospital enviando memos y teniendo reuniones especiales para decirle a las enfermeras de que no había prueba de que los guantes paraban la expansión de esta enfermedad, y que no debíamos actuar con tal paranoia. Por supuesto, la industria a cargo de hacer los guantes no estaba preparada para esta repentina demanda de su producto, y el hospital no estaba entusiasmado sobre este incremento en gastos. Así que una escasez de guantes fue lo que siguió. Las enfermeras usarían guantes estériles para el cuidado rutinario, acumularían cajas de guantes del hospital en sus casilleros, y comprarían su propio suministro de guantes en la tienda médica de provisiones de la comunidad.

En mi caso, les tenía pena a las enfermeras con las que trabajaba. Era fácil ver que tenían miedo de morir. Aunque ellas eran básicamente buenas personas, muy pocas de ellas eran verdaderas creyentes en el Señor Jesús. Yo voluntariamente les di todos los guantes que tenía disponibles. Pensé que si la enfermedad me afectaba, iría al Cielo. Para mi esa era una decisión fácil de tomar.

Estos fueron también los primeros años de la cirugía cardiaca. Yo trabajaba en hospitales donde se hacían los procedimientos innovadores de bypass cardiaco. Había un cirujano cardiaco principal llamado Dr. Kwon; creo que era coreano. Nunca lo conocí, pero tomé cuidado de muchos de sus pacientes. El Dr. Kwon haría la cirugía, pero sus asociados siempre les harían el seguimiento. Recuerdo el día cuando el equipo de cirujanos decidió que no era bueno que sus pacientes sean dejados entubados y conectados a una máquina de respiración por mucho tiempo durante la post-operación. Nosotros le quitaríamos los tubos al paciente luego de unas doce horas después de la cirugía; ya no esperaríamos tres o cuatro días para hacerlo. ¡Tomaba coraje el poder sacar uno de esos tubos! El primer paciente bajo este nuevo plan no era mi paciente asignado, pero déjame decirte, ¡la unidad entera estaba llena de tensión durante estas horas! El día de hoy a la mayoría de pacientes de bypass se le remueve los tubos después de unas pocas horas de haber finalizado la cirugía.

Durante un turno, recuerdo haber sido impactada por la locura de la sabiduría humana al resolver los problemas profundos que afectan a la humanidad. En la comunidad cerca al hospital, un hombre había disparado a cada persona en su extensa familia, al estilo de una ejecución, con una bala a través de la cabeza. Solo una persona sobrevivió a esta matanza — un niño de diez años quien había sido traído a nuestra unidad de cuidado extensivo. Él estaba cargando a su hermanita cuando su padre le disparó a la bebé. Él atestiguó todo el horror de ese mortal alboroto, y observó como su padre giró el arma hacia él mismo. Él estaba echado en el piso de su casa mientras que el equipo de la Unidad de Operaciones Tácticas de Los Ángeles era contactado. Por cuatro horas él estaba echado sobre la sangre, escuchando a la policía llamar desde afuera a su difunto padre. Finalmente, la policía tiró gas lacrimógeno dentro de la casa e irrumpieron las puertas. Él fue traído a nuestro hospital e inmediatamente llevado a cirugía.

Sorprendentemente, él no había sufrido en lo absoluto algún daño físico residual de la bala en su cerebro. Él no tenía parálisis, o dificultad para hablar, o desequilibrio, o pérdida de memoria. Llamaron a un psicólogo infantil, y a nosotras las enfermeras se nos instruyó que bajo ninguna circunstancia debíamos mencionar, o permitir al niño mencionar, lo que había sucedido ese horrible día.

Cuando se me asignó a su cuidado, traté de toda manera posible de cumplir con las órdenes. Pero no importaba que tema yo mencionaba, este niño pequeño encontraba una manera de cambiar el tema al trauma de su corta vida. ¡Cómo mi corazón sentía por él! Creo que mis oraciones lo elevaron a Aquel quien es el único que podría calmar su espíritu. Sus dos tías vinieron del medio oeste y finalmente se lo llevaron con ellas. No sé qué sucedió con él, pero él ha cruzado mi mente frecuentemente y ha estado en mis oraciones.

La gente a menudo piensa que porque alguien esté a punto de morir en la unidad de cuidados intensivos, ellos estarán más dispuestos a escuchar la verdad de lo espiritual. He aprendido que la gente continuará en gran medida a tercamente sostener el sistema de fe que sostenían antes de entrar al UCI. También, muchas veces, ellos están demasiado enfermos para poder considerar seriamente el amor y la autoridad del Señor Jesús.

Pero recuerdo bien el caso de un hombre que estaba dependiendo de un ventilador artificial. Él no podía hablar y escribir le era difícil, pero sus ojos brillaban y el entendía fácilmente lo que se le decía. Por muchas, muchas semanas tratamos de sacarle del ventilador, pero sus pulmones ya no funcionaban. Décadas fumando habían hecho su daño, y no había un cuidado respiratorio que pudiese curarlo. Finalmente, la esposa tuvo que tomar la decisión de removerlo del ventilador. ¡Qué momento más terrible! Aquí estaba una persona viva, alerta, totalmente en control de sí misma. Pero él no podía respirar sin una máquina. No había una compañía de seguro que pagaría por mantener a alguien conectado a una maquina por toda su vida. Lo peor de todo esto era que al paciente no se le estaba permitido conocer la decisión del doctor ni de su esposa.

La noche antes de que el ventilador sea desconectado, se me asignó a este paciente. Yo oré sobre mi rol en todo esto, y sentí que debía presentarle el Evangelio. En aquellos días, las enfermeras daban un cuidado especial durante el turno de la noche. Esto involucraba un masaje de espalda, un cambio de sábanas, y una limpieza bucal en preparación para una buena noche de descanso. Luego de mi cuidado, me senté al costado de su cama y le expliqué que como todo en la tierra, venia un tiempo cuando la vida se detenía. Nadie sabe realmente cuando ese tiempo vendrá, pero luego de ese momento, ya no hay vuelta atrás. Es muy importante que hayamos hecho las preparaciones correctas para la vida después de la muerte. Mientras "conversábamos" me era claro que su espíritu estaba abierto, que él estaba cómodo con lo que yo decía, y que yo debía continuar. Y al final, él me comunicó claramente que él estaba aceptando la salvación ofrecida por el Señor Jesús, y que iba a descansar completamente bajo Su provisión.

No puedo explicar el cambio que vino sobre ese hombre. Absolutamente nada había cambiado sobre su condición física, ¡pero el cuarto entero irradiaba con una paz y gozo puros! Él sonrió, y se quedó dormido con una expresión de calma en su rostro.

Al siguiente día cuando vine al trabajo, este paciente ya se había ido. Yo no creo que él hubiese sobrevivido más de media hora sin el ventilador. Pero yo sé que lo veré a él en el Cielo, y juntos adoraremos a Aquel quien hizo posible el camino de paz.

Mi turno favorito era el de las 3 p.m. hasta las 11 p.m. Este turno me permitía tener un día completo de trabajo hecho en casa, y la mayoría de los peces gordos estaban fuera de la unidad para cuando yo llegaba, así que la Unidad estaba un poco más relajada. Después de graduarme de enfermería, mi sueldo inicial era $5.60/hora. Esto fue en 1976. Luego de un año de trabajar en el área quirúrgico del hospital, fui ascendida a Directora de una unidad pediátrica de ocho camas, y mi salario incremento a $5.80/hora. En esta posición yo escribí la Política Pediátrica y un manual de Procedimientos, y me gocé en crear una unidad que era medicamente progresiva y que tenía un entorno familiar. Sin embargo, mi artritis se inflamaba, y yo tenía miedo de que alguna día se me cayera un bebé. Dejé mi trabajo activo de enfermería por uno de oficina que era cuatro-trabajos-en-uno. Era una posición asalariada, que en promedio era alrededor de $6.20 / hora. Después de unos meses había registrado tanto tiempo extra que me era claro que el hospital se estaba aprovechando de mí. Para todo el hospital, yo era la Enfermera de Enfermedades Infecciosas, la Coordinadora de Despachos, la Coordinadora de Revisión de la Utilización, y la Coordinadora de Servicios Sociales.

La Revisión de la Utilización era un concepto completamente nuevo. El gobierno federal había dado una subvención a los estados con el propósito de revisar la utilización de los servicios médicos. Fue dirigido a los receptores de Medicare y Medicaid, pero debía

La Historia de Mi Vida 79

ser expandido a las compañías privadas de seguro de la misma manera. La OREP (La Organización de Revisión de Estándares Profesionales) era el cuerpo operativo. Mi trabajo era el de inspeccionar cada admisión de hospital dentro de veinticuatro horas; tenía que confirmar que las órdenes del doctor para exámenes y tratamientos eran los apropiados de acuerdo al diagnóstico. Tres días después, tenía que revisar los cuadros médicos de nuevo, para ver si hospitalización continua era aún necesaria, y si las órdenes para exámenes y tratamientos encajaban con el diagnóstico. Por primera vez en la historia la enfermera de RU tenía la autoridad para decirle al doctor: "Este paciente no califica para pagos del hospital". Por supuesto, yo no podía despachar a un paciente del hospital, pero yo tenía que ir al paciente y alertarle de que los gastos de su hospitalización no serían cubiertos por los fondos federales. Los doctores se volvían extremadamente hostiles conmigo; ellos eran aún las divas de la comunidad médica. El trabajo en equipo entre las disciplinas médicas era todavía algo del futuro. Si los doctores no cooperaban con las decisiones que yo tomaba como enfermera de RU, entonces el hospital corría el riesgo de perder dinero. ¡Yo tenía presión de ambos lados! No hace falta decir, no fue uno de mis trabajos favoritos.

El día de hoy tenemos SRDs (Subvenciones Relacionadas por el Diagnóstico) que son aceptadas como estándar, no solo por la asistencia federal pero también por compañías privadas de seguro. El trabajo que hice con la OREP fue la base para las SRDs de hoy. Ahora varios aspectos de la comunidad médica cooperan y se respetan mutuamente. Pero tomó un montón de ajustes de actitud de parte de los doctores para alcanzar ese nivel, y muchas enfermeras tuvieron que soportar duras situaciones hasta que los doctores aprendieron a volverse más progresivos.

En aquellos primeros años, nosotras las enfermeras aún usábamos vestidos blancos, gorros almidonados, medias de nylon blancas, y zapatos blancos. ¡Qué cambio el de hoy! Hace tiempo la mayoría de las enfermeras dejaron de usar el blanco y ahora usan polos y pantalones con diseños (algunas veces extravagantes). Los vestidos son algo fuera de lo común, aunque en mis últimos años de enfermería yo tuve que usar vestidos blancos sin la gorra, y ¡era increíble la cantidad de pacientes que comentaban el hecho que tenían más confianza en mí por la manera en la que yo me vestía!

La vestimenta sí que hace una diferencia, y tristemente la profesión de enfermería no se viste mejor que si estuviesen en la comodidad de su hogar.

Luego de los cuatro-trabajos-en-uno, tomé un curso avanzado en cuidados intensivos de enfermería en la Universidad de la ciudad de Long Beach, y me concentré en la rama de servicios médicos por los siguientes diez años. Mi máximo salario fue de $22/hora. Luego me aburrí completamente. Nada sobre la enfermería me interesaba: ni la enseñanza, ni la administración, ni alguna otra rama. Rechacé la oferta de una posición de docente en Biola, y cambié de profesiones completamente.

Planificadora Financiera

Puse mi atención en el sector de servicios financieros. Vender seguros, ser una corredora de bolsa, vender bienes raíces, o dar asesoría de crédito no me interesaba tanto como ser una planificadora financiera y el poder hacer todas esas cosas de acuerdo a la necesidad del cliente. Yo tomé clases, pasé un examen de tres días que era más rigoroso que el examen de CPC (Contador Público Certificado), y me volví una Planificadora Financiera Certificada con los Servicios Financieros de Waddel y Reed, una compañía nacional basada en Kansas City, Missouri. Desde el primer cliente hasta el último, me encantó este trabajo. Me permitió ayudar a la gente en un área de sus vidas personales que realmente impactaba

otras áreas. Desde 1988 a 1998 yo trabajé con mi propia clientela, y algunos de esos años yo fui Administradora del Distrito supervisando a otros planificadores financieros. Dios me dio un jefe fantástico. La mayoría de mis clientes eran cristianos que deseaban ser sabios mayordomos de sus propios recursos, pero nadie les había enseñado cómo hacerlo. En esos años Larry Burkett publicó su libro El Terremoto Económico que se

Avecina, y muchos cristianos estaban seriamente preocupándose sobre su futuro financiero. Yo tuve muchas oportunidades para enseñar en seminarios financieros, y me encantaba enseñar.

En teoría, aplicaba lo que se conocía como "el proceso de enfermería" al mundo de las finanzas. Yo coleccionaba información personal y financiera, formulaba un plan para finanzas sólidas que correspondían a las metas del cliente, y luego ayudaba al cliente a implementar ese plan. Por último, yo evaluaba nuestras acciones y ajustaba cualquier factor para que encajara mejor a los objetivos del cliente. Me encantaba este oficio; me era natural. A la edad de once yo había comprado mi primera acción, y los fondos mutuos fueron una parte regular de nuestra vida. Aunque me disgustaba el seguro en gran manera, yo vi la necesidad por protección. Mi padre y mi abuelo se habían envuelto mucho en bienes raíces, así que era algo completamente normal para mí. El lograr que un presupuesto concuerde con una familia era el tipo de trabajo práctico que me gustaba hacer. Mi salario en este trabajo era por comisión, y generado por bonos. Sabiendo sobre la tentación de hacer recomendaciones basadas en comisiones, yo hice un pacto con el Señor de nunca calcular mi beneficio antes de recibir un cheque. Dios me bendijo abundantemente, proveyéndome buenas relaciones de confianza y comunicación con mis clientes. Durante un tiempo tuve a una secretaria trabajando para mí, pero la mayoría del tiempo yo hacía mis propios papeleos. Cada año yo estaba en el 1% superior de los representantes de la compañía, ganando viajes a la convención anual en algunas localidades del Oeste con todos los gastos pagados. A menudo nosotros llevábamos a toda la familia a estos eventos.

Profesiones en Carolina del Norte y Virginia

No fue hasta que nos mudamos a Carolina del Norte que me volví una "ama de casa a tiempo completo". Me disgustaba ese término porque en realidad tenía dos trabajos a tiempo completo: Ama de casa y Enfermera/Planificadora Financiera. Yo tomé en serio el sermón de las Escrituras de que una mujer debe cuidar por su hogar. Así que hacía el lavado de ropa de mi familia, cocinaba casi todas las comidas, lavaba todos los platos, secaba pisos, me encargaba del jardín, (embotellando y preservando), y trabajaba un turno de enfermera y atendía las citas de mis clientes en base a las demandas de mi hogar. Cuando los chicos eran pequeños, yo trabajaba un turno de noche en enfermería, y déjame decirte, yo estaba completamente exhausta durante todo ese periodo. Incluso si solo trabajaba dos turnos a la semana, eran turnos de doce horas, que requerían trabajo sin parar y ¡largos viajes de ida y vuelta! Prepararía la cena para Dave y los muchachos antes de que partiera para el trabajo a las 5:30 p.m., y luego regresaría a casa a las 8:15 a.m., forzándome a mí misma a mantenerme despierta para cuidar de los niños mientras Dave iba al campus del seminario a enseñar sus clases. Oré muchas veces por fortaleza en esos años. Recuerdo una vez estar manejando de vuelta a casa después de trabajar toda la noche, y sentí que el carro se mecía. Yo me quejé al pensar que eran problemas del carro, pero luego noté que las luces colgantes de una cercana estación de gasolina estaban oscilando. ¡Estábamos en medio de un terremoto! Señor, ¡estoy demasiado cansada para un terremoto! fue mi reacción inmediata. Felizmente, era uno pequeño, y luego de una pequeña pausa yo continué hacia el camino sin un carro tambaleante.

¿Por qué es que decidí trabajar casi todo el tiempo en el que criaba a mis hijos? Dos razones: la mayordomía y la necesidad. Dios me había dado la educación y el don de la enfermería y la planificación financiera, yo era buena en los dos, y tenía una responsabilidad de usar estos dones para el beneficio de otros. A lo largo de ambas profesiones yo estaba buscando constantemente el honrarle a Él con mi ética de trabajo, el poder hablar por Él, y el poder ministrar amabilidad y ayuda a aquellos que lo necesitaban. En ese proceso, Dios estaba supliendo nuestras necesidades económicas. La gente no se da cuenta que los profesores, incluso con un doctorado, no reciben un salario alto. El trabajar para una institución cristiana requiere sacrificio. Nosotros estábamos felices de hacerlo, pero nosotros también, por medio de la gracia de Dios, tuvimos la oportunidad de suplementar el ingreso de Dave con mi trabajo. En el tiempo en el que habíamos comprado nuestra casa en La Mirada en 1982, ¡la tasa hipotecaria estaba a 16.50%! La inflación estaba por todos lados; el crédito estaba ajustado. Si no hubiese sido por mi trabajo, nunca hubiésemos podido hacer

La Historia de Mi Vida 83

la compra de una casa. Las Escrituras no excluyen a las mujeres (solteras, casadas, con hijos) del trabajo. Mira a Dorcas, Priscila, y a todas las mujeres adineradas que asistían a Jesús en su ministerio. Miren a la descripción de aquella mujer descrita como una mujer virtuosa y bienaventurada en Proverbios 31. El desafío es el priorizar el hogar mientras se trabaja fuera de casa. Un esposo y los hijos nunca deberían sentir de que están en segundo plano. Dave y yo estábamos siempre de acuerdo en los asuntos de mi trabajo. Con tal que pudiese mantener el hogar de manera adecuada, entonces mi conciencia estaba suficientemente limpia para trabajar fuera de casa.

Como mencioné anteriormente, cuando nos mudamos a Carolina del Norte en 1998, terminé mi trabajo como planificadora financiera y descansé del trabajo fuera del hogar. Teníamos varios adolescentes que venían a nuestra casa a vivir con nosotros, y siempre paraba ocupada. No fue hasta que se fueron y que mis hijos se volvieron relativamente independientes que volví al trabajo de enfermera. Nuestro corazón deseaba tener una gran hacienda para que pudiésemos establecer un ministerio de retiro que habíamos añorado por mucho tiempo. Mi trabajo era necesario para facilitar el flujo de fondos en efectivo. Compramos una hacienda en Virginia tres semanas antes del infame ataque del 11 de Setiembre. El mercado inmobiliario fue a la fracaso y nos tomó tres años para poder vender nuestra casa en Carolina del Norte. Por medio de la gracia de Dios y mi arduo trabajo, fuimos capaces de continuar la construcción de la hacienda para este ministerio. Luego de la venta de la otra casa, Dios nos trajo a trabajar en Etiopía: yo continuaba trabajando como enfermera para proveer los fondos para el ministerio. Solo cuando el trabajo de Etiopía demandaba demasiado de mi tiempo y energía fue que yo decidí retirarme oficialmente del trabajo fuera de casa. Ahora todo mi trabajo de tiempo completo se dedicaba al ministerio de Etiopía.

El apóstol Pablo escribió en Efesios 4:28 que como seguidores de Jesús debemos trabajar con nuestras manos para el propósito de ganar algo que pueda ayudar a aquellos que están en necesidad. Yo siempre he sentido que tenía una responsabilidad de mayordomía ante Dios para usar los dones y habilidades que se me habían dado, para el propósito de ministrar a otros: mi esposo, mis hijos, mis otros hijos, misioneros, invitados de retiro, Etiopía, y a aquellos en tiempos difíciles. Aunque tenía artritis desde que tenía veintiún años de edad, Dios me bendijo con gran fuerza e intelecto, y yo ofrecí esos dones a Él por medio del servicio a otros.

A Él sea todo el honor.

7 Ministerios en los Estados Unidos

El Corazón de un Siervo

Siempre había pensado del ministerio como un acto de servicio al prójimo. Le alabo a Dios de que yo nunca limité al ministerio a mis posiciones profesionales u oficiales. El gozo de mi relación con Dios me ha amarrado a cualquier tipo de servicio con cualquier tipo de persona o incluso cualquier animal o planta. Como lo veo, toda mi vida ha sido un ministerio.

Le alabo a Dios por haberme dado esta perspectiva. Yo creo que es la perspectiva Bíblica del ministerio. Yo no le sirvo a un Dios que compartimenta al ministerio. No hay días santos y días normales; no hay canciones santas y canciones normales; no hay palabras santas o palabras normales; no hay relaciones santas y relaciones normales; no hay lugares santos y lugares normales.

Toda vida es santa porque toda vida ha sido dedicada a Aquel quien hizo la vida. Yo creo que esta es la vida abundante la cual Jesús prometió a todos aquellos que le siguiesen. Es una vida llena de gozo, incluso cuando es difícil, incluso cuando es estresante, incluso cuando es tensa. Es llena de gozo porque Dios está presente en tal vida, y yo le alabo que ésta es la vida que he conocido.

Yo aprendí a una temprana edad a servir al prójimo. Mis padres como jóvenes misioneros fueron siervos, y todo el sentir dentro de la familia de misiones era el de servicio. Yo recuerdo claramente al ser una niña pequeña de cuatro, seis, y ocho años de edad que tenía la impresión de que mi vida no me pertenecía a mí misma. Había un mundo mucho más grande que yo. Había un propósito más importante que mi comodidad y problemas. Había un evento más grande que mis propios deseos. Como hija de misioneros, aprendí temprano el gozo de renunciar y abandonar mi menú, mi horario de dormir, mis ropas, y mi tiempo de juegos a cambio de cosas que eran más importantes.

¡Que podría ser más importante que las necesidades de otros, y el darnos cuenta del reino de Dios dentro de aquellas personas! Dios instituyó en mí el sentir de que Su gran agenda para mí eran las necesidades de los otros y Su rol en sus vidas. Cuando nosotros regresamos de Etiopía, mi madre estaba prácticamente inválida, imposibilitada por una vértebra arruinada. Mi primer lugar de servicio fue en ayudarla con mis hermanos. Yo digo "primer", no por orden de importancia sino en orden de cercanía. Este servicio estaba a la mano, y podía ser hecho mientras que yo cumplía las funciones necesarias de la vida. Di mi mejor esfuerzo para guiar a mis hermanos de la manera correcta, y de la manera que honra a Dios. Yo di mi mejor esfuerzo para facilitar las rutinas del hogar. Di mi mejor esfuerzo para sustituir el rol de mi madre. Aparte de Cristo, ella era mi modelo a seguir en el servicio, y ¡qué gran ejemplo era ella! A pesar de que ella sufría severamente de dolores de cabeza, ella dio lo mejor de ella misma para criar a sus hijos y cuidar a su esposo, y para hacer nuestro hogar un lugar hermoso de descanso. Estaré por siempre agradecida al Señor por mi madre.

El enseñarme el gozo del servicio fue un gran don que ella me dio. Cuando tenía casi once años nosotros regresamos a Texas y mi ministerio tomó una nueva forma. Cuando vivíamos en Etiopía no teníamos una iglesia formal. Las familias misioneras viviendo en el recinto se reunían para el servicio de la iglesia pero no había un coro, una clase dominical, OANSA, o programas infantiles. La noche del miércoles estaba dedicada solo a la oración. No teníamos un órgano o un piano. Nuestra alabanza era simple. Nosotros los niños éramos incorporados dentro de los servicios de los adultos.

Cuando nos mudamos a Texas, nuestra vida de iglesia cambió. Empezamos a asistir a la Iglesia Bíblica de Gracia en el norte de Dallas. Por la primera vez en mi vida había atestiguado la división intencional dentro de la iglesia. Repentinamente teníamos una guardería, servicios infantiles, un coro, ancianos y diáconos, y un director de jóvenes. Todas las actividades de la iglesia estaban divididas. La unidad del cuerpo de alguna manera se perdía en medio de toda esta fragmentación. Hasta este día yo gozo de estar dentro de una pequeña comunidad de hermanos, sin estas estructuras "modernas," "progresivas" de la iglesia.

La Historia de Mi Vida 87

La simplicidad y hermosura de la unidad en Cristo es un tesoro. Es claro al ver los escritos de Pablo de que no debería haber divisiones entre nosotros. A la medida que estemos enfocados en el Evangelio y viviendo en el Espíritu, nosotros gozaremos de la unidad por la cual Cristo oró en Juan 17. A la edad de once se me introdujo a esta fragmentación, y aunque en mi corazón no había fragmentación, en función yo tenía que adaptarme. Siendo la sierva que ella es, incluso en su enfermedad, mi madre organizó a sus hijas a participar en lugares de servicio, encontrándome ayudando en cada oportunidad en el trabajo de los niños, en las Vacaciones Bíblicas de Verano, y en programas especiales. Se sabía que, si alguna necesidad existía, Becky Lynn Lapsley iba a estar ahí para ayudar, y me encantaba ayudar. No me era monótono. Me gustaba estar con la familia de Dios. Me gustaba darme a mí misma para suplir las necesidades de los otros, especialmente las necesidades de la familia de Dios. Realmente me daba gozo. Mientras atravesaba la adolescencia, yo me uní a las Chicas Pioneras y participé en el programa juvenil. Ambos ministerios me enriquecieron. Sin embargo, creo que puedo decir que mi gozo más grande no era cuando yo recibía sino cuando daba. De adolescente usé mucho de mis dones y habilidades para ayudar a expandir el mensaje de Dios, el mensaje que la salvación está disponible a cualquiera que lo desee, que el amor de Dios es personal, que Él es fiel a aquellos que caminan con Él y que Él es mucho más grande que cualquier dificultad.

Dios me dio habilidades de organización y una mente visionaria. Él me hizo capaz de rápidamente entender una situación y saber qué tipo de intervención se necesitaba. Naturalmente, siempre se me colocaba en roles de liderazgo. Me gustaba enseñar a los niños, a menudo usando gráficos de franela. Yo tuve por muchos años lecciones de piano y llegué a ser una pianista de nivel avanzado. En cada oportunidad era la acompañante, incluyendo en la clase dominical y en los coros. También logré el rango avanzado de Salvavidas con la Cruz Roja Estadounidense, y yo usé esa habilidad como salvavidas en los campamentos cristianos de Pine Cove en Tyler, Texas. Dios me había dado el don del servicio. Sin ese servicio, ¡mis talentos y mi educación no significaban nada!

Hasta este día me pregunto a mí misma, "¿Cómo puedo ayudar?" "¿Qué es lo que Dios ha puesto en mi mano para esta situación?" De la misma manera que Moisés se encontró con Dios en el desierto, yo me encuentro con Él a diario. Dios llamó a Moisés a liderar a los hijos de Israel fuera de Egipto. Dios lo llamó a rebelarse contra el poder más superior en la tierra. Dios lo llamó para dejar a sus pocas ovejas y cabras y para reunirse con millones de israelitas. En vez de guiar a un pequeño grupo de animales insignificantes de abrevadero a abrevadero, Dios le encomendó el liderar a la gente escogida bajo su dirección a través del vasto desierto de Arabia Saudita en dirección a la Tierra Prometida.

Aparte de Jesucristo no creo que haya otro ser humano al que se le haya dado una mayor responsabilidad. ¿Es acaso sorprendente que Moisés haya dudado de su habilidad de servir a Dios de esta manera? Aquellas dudas se presentan a cada uno de nosotros. La naturaleza humana es sentirse repentinamente inadecuado cuando se enfrenta a un gran trabajo que Dios ha ordenado. Recuerdo la respuesta de Isaías a Dios cuando el vio al Señor sentado sobre el trono alto. Él dijo, "¡Ay de mí! que soy muerto; ¡porque soy hombre inmundo de labios, y habitando en medio de pueblo que tiene labios inmundos!" Y luego un serafín voló hacia él y toco sus labios con carbón encendido. En ese simple ejercicio Él simbólicamente limpió a Isaías. De lo que hay en el corazón, habla la boca. De la boca podemos ver el interior de un hombre. Cuando de la boca sale maldad, sabemos que el hombre es malo. Pero el mensaje de Dios puede limpiarnos, enteramente, para que así estemos listos para el servicio. Luego de que Isaías fue limpiado, Isaías rápidamente se ofreció como voluntario. "Heme aquí, limpiado por tu Espíritu, fortalecido por tu Espíritu, envíame a mi Señor, envíame!"

Cientos de años antes de Isaías, Moisés había tenido un encuentro similar con Dios. Él estaba abrumado con su inhabilidad. Él decía, "Ay de mí, solo soy un humano, y un criminal. Solo puedo vivir entre ovejas y cabras. ¿Cómo puedes Tú escogerme para esta inmensa tarea?" Luego Dios le preguntó a Moisés una pregunta que Él me ha preguntado a menudo. "¿Qué es eso que tienes en tu mano? ¿Sobre qué tienes control, Moisés?" Moisés respondió, "Una vara. Una simple vara". Pero una vara en la mano de un pastor es muy poderosa. Ésta guía a las ovejas. Ésta protege a las ovejas. Ésta ayuda a las ovejas. Moisés sabía cómo usar la vara en la llanura como un pastor. Dios le dijo, "¡Échala en tierra!"

Luego Moisés hizo algo que cambió la situación completamente. Moisés obedeció. Él no discutió con Dios el por qué él debería echar la vara; él no debatió con Dios de que él justo había limpiado la vara y no quería que se ensuciara; él no discutió con Dios de que él necesitaba la vara para otras cosas; él no le dio la espalda a Dios disgustado puesto que tenía mejores cosas que hacer.

No, para el favor de Moisés, él simplemente obedeció. Él echó la vara. Al echar la vara, él renunció a todo lo que le era preciado, porque un pastor sin una vara no vale completamente nada como pastor. No había alguna forma de que él cumpliera sus responsabilidades sin esa vara. Cuando Moisés echó esa vara, él estaba consecuentemente rindiendo toda su identidad a Dios. Y en ese momento, Moisés vio el poder de Dios en esa vara. Esta se transformó en algo enérgico, viviente, y poderoso. En ese momento Moisés vio lo que Dios podría hacer si su identidad estaba rendida a Él. Dios le dijo que tomase la vara, y Moisés la alcanzó con coraje para poder tocar el poder de Dios, y por el resto de sus días Moisés se volvió un nuevo hombre.

Cada uno de nosotros debe tirar nuestra vara; cada uno de nosotros debe renunciar a todo aquello que nos es preciado — nuestro dinero, nuestra salud, nuestro tiempo, nuestra pareja, nuestros hijos, nuestras profesiones, nuestras habilidades, nuestras familias, y nuestras posesiones. Todo ha de ser rendido si es que queremos conocer el poder de Dios. Luego de que el poder de Dios llene esas cosas, entonces nosotros también seremos capaces de hacer cosas tan grandes como Moisés. Yo le alabo a Dios de que Él me enseñó temprano en la vida sobre la obediencia instantánea al echar mi propia vara y sobre el coraje en volver a recogerlo de nuevo, llena de Su poder.

Mi querido amigo o amiga, talvez tú deseas una experiencia similar. Yo quiero decirte de que Dios no desea que nadie perezca. Jesús vino para hacer la vida abundante disponible para cada persona. Él no tiene prejuicios; Su corazón está tan abierto a ti como lo fue con Moisés, Isaías, y yo. Él ya te ha dicho, "Tira tu vara". Él espera por tu obediencia. Querido lector, ¿echarás tu vara y observarás el poder de Dios moverse a través de tus habilidades y tu educación y tu dinero para lograr algo magnífico para Él?

El Campamento de la Asociación Bíblica de Memorización

De vuelta a la historia de mi vida, una de las bendiciones más grandes que mi abuela y mi madre me han dado fue la participación en la Asociación Bíblica de Memorización (ABM). Éste era un programa de memorización Bíblica que duraba desde Setiembre a Abril. Cada semana nosotros memorizábamos un capítulo de un libro junto a un tema especial. Algunos libros eran el Mensaje de Juan, o Los Frutos del Espíritu, o Alabanza y Adoración. Cada semana memorizábamos alrededor de diez versículos y los recitábamos el domingo por la tarde a mi abuela. Cada otra semana ABM nos enviaba un premio que podíamos elegir. Yo siempre elegía cosas que me ayudarían a crecer espiritualmente. Yo escogí el comentario de Hebreos por F.F. Bruce, y a veces elegía placas con versículos que podía poner en mi cuarto. Solo menciono esto para decir que Dios creó un hambre en mí por conocerlo, y por la gracia de Dios el sistema del mundo no me atraía en lo absoluto. Aquellos que completaron todos los versículos de memoria calificaban para ir a un campamento de la ABM. Había varios campamentos alrededor del país; al que nosotros íbamos estaba en Ringgold, Luisiana. Me encantaba este campamento. Fui año tras año desde los doce hasta los dieciocho años. En los primeros años era una campista; en los últimos años yo era una campista y también una asistente juvenil parte del grupo de "Pies Blancos".

El campamento tenía un pequeño lago. En un lado estaban las cabañas de los varones, y en el otro lado el de las mujeres, y al final estaba el área central de actividades. Nuestro día siempre empezaba con los devocionales de la mañana cerca al lago. Nos sentábamos en bancos duros en medio de la creación de Dios escuchando los devocionales. Luego íbamos por el desayuno. Recuerdo que una de las ayudantes de la cocina cantaba una hermosa y conmovedora versión de la canción "¿Viste Tú?" al comienzo de la primera comida en cada campamento. ¡Qué bendición era ella para mí!

Luego del desayuno nos separábamos en pequeños grupos con otros campistas que habían memorizado el mismo libro. Nos sentamos en mesas de picnic cubiertas que estaban esparcidas por toda la propiedad. Teníamos a un profesor adulto, y nosotros repasábamos

La Historia de Mi Vida 91

el libro con lecciones sobre el significado de los versículos. Luego de nuestra sesión matutina, comíamos el almuerzo, de nuevo al estilo familiar. En la tarde teníamos tiempo libre. Tiempo libre significaba nadar, cabalgar en caballo, pasear en canoas, salir en caminatas, o descansar.

El código de vestimenta del campamento era muy diferente del de los campamentos de hoy. Los niños y niñas nadaban a diferentes horas. Las niñas vestían ropas conservadoras, no como las ropas inmodestas que muestran el escote, el estómago, y el ombligo, que son tan prevalentes en los eventos "cristianos" de hoy en día. En el campamento de la ABM, se daba consideración a la guerra espiritual del sexo opuesto. Luego de la cena, teníamos un servicio a campo abierto. Un conferencista nacional se quedaba durante la semana. Es así que conocí por primera vez al Dr. Feinberg, un gran predicador nacional y judío converso de los años 1960. Luego del servicio de la noche nosotros regresábamos a nuestras cabañas para tener un tiempo con nuestros consejeros.

Me gustaría compartir contigo tres de mis recuerdos especiales en el campamento de la ABM. Como una joven asistente yo asistí al campamento para servir. Se me asignó una cabaña para atender a una consejera y a las campistas. Durante el día cuando las campistas ya habían tenido su tiempo de instrucción Bíblica y tiempo de recreación, se me asignó un trabajo. Mi trabajo, por supuesto, era hecho sin remuneración. Recuerdo a las señoritas a cargo de mi trabajo, la Sra. Mame Fix en particular. Uno de mis trabajos era el de planchar las camisas de todos los hombres, del grupo de Pies Blancos (asistentes juveniles), y para los trabajadores. Ella me dio instrucciones específicas sobre cómo ella quería estas camisas planchadas. Ella me enseñó que cuando yo terminaba de planchar yo no debía abotonar todos los botones. Solo debía abotonar los botones superior e inferior. Esto ponía la camisa en su lugar en el closet sin tener que hacerlo más difícil de remover. ¡Hasta el día de hoy yo plancho las camisas de Dave de la misma manera que la Sra. Mame me enseñó! Estoy segura que cuando mi esposo vaya al Cielo él le agradecerá.

Otro recuerdo importante que tengo de este campamento fue mi primer enamorado. Él tenía veintiuno y yo dieciséis. Él quería ser un misionero en América del Sur y él asistía al Seminario Bíblico Centro-Sur. Su plan era el de conseguir su licencia de piloto y servir como un piloto misionero. No había ninguna duda en mi corazón de que Jon me amaba con un amor divino y masculino. Pero yo era muy joven para entender la dinámica de la relación entre un hombre y una mujer. Por la gracia de Dios, Él puso a Jon en Memphis y a mí en Dallas; nuestra relación era mayormente por correo. Puedo decir honestamente que yo no estaba atada emocionalmente a Jon, a pesar de que Jon estuviese atraído a mí. Él visionaba nuestro matrimonio. Cuando yo fui a California para la carrera de enfermería, nuestros caminos se separaron. Él conoció a su futura novia poco después, y tres años después yo conocí a mi futuro esposo. Jon y su novia viajaron a América del Sur, como habían planeado. Dios me llevó a Etiopía finalmente, como yo había esperado.

El más grande don que Dios me ha dado a través de estos campamentos fue lo siguiente: Él me enseñó el rol del Espíritu Santo, y Él me permitió experimentar lo que significaba vivir por el Espíritu. En caso de que tú no estés familiarizado con esto, déjame explicar lo que quiero decir. Yo no estoy hablando sobre unos locos movimientos fuera de control del cuerpo y la lengua. Las Escrituras nos dicen que el fruto, singular, del Espíritu es amor, gozo, paz, paciencia, benignidad, bondad, fe, mansedumbre, y templanza. Está bien claro que contra tales cosas no hay ley, lo cual significa que la vida llena del Espíritu Santo es el cumplimiento final de toda la rey religiosa.

Una vida llena del Espíritu es una en la que el Espíritu Santo, quien mora en cada creyente desde el momento de su salvación, toma la palabra de Dios para consolar, corregir, y dirigir al creyente durante toda la vida. Esto significa que el momento que yo me inclino hacia la ira, el Espíritu aparece en mi subconsciente y me detiene. El instante en el que yo conozco a una persona a la cual Él desea que yo sirva, el Espíritu entra a mi conciencia y crea en mí la idea y el deseo de servirle. En el momento que mis pensamientos se alejan de todo aquello que es santo y aceptable a Su vista, el Espíritu entra a mi conciencia y me reprime. Ésta es una manera maravillosa de vivir con Dios. La Palabra de Dios escrita desde Génesis hasta el Apocalipsis cobra vida en la mano del Espíritu, mientras que Él lo aplica a las preocupaciones diarias del día a día. ¡Qué manera más alegre de vivir con Dios! Es una manera libre de preocupación. Ya no tengo que cargar con la responsabilidad de tratar de descubrir qué es lo que Dios quiere de mí específicamente.

Yo simplemente cuento con el Espíritu para que haga su labor. Ya no tengo dificultad con la culpa que nació de mi propia justicia; en su lugar yo confío en la dulce voz del Espíritu cuyo único propósito es la reconciliación. Ya no tengo que presionarme a mí misma al hacer una buena obra, y aquella buena obra, y la otra buena obra, tratando de entender si es que he hecho suficiente. En vez de eso, le permito al Espíritu Santo que cargue con la responsabilidad de instruirme cuales buenas obras Dios había preparado de antemano (Efesios 2:10).

Creo que vivir en el poder del Espíritu Santo es similar a ser un pasajero dentro de un carro. Cuando yo entro en el carro con mi esposo y él toma control del timón, solo hay una cosa que tengo que decidir. ¿Entraré en el carro y me rendiré a su manera de manejar o saldré y trataré de encontrar mi propia transportación? Cuando yo me rindo a mi esposo, yo no le digo cuán rápido debe el manejar, o qué ruta tomar, o qué equipo usar, o qué caminos u obstáculos evadir. En vez de eso, yo me siento en el asiento del pasajero. Si él está pasando a un carro, yo estoy pasando a un carro. Si él está saliendo de la avenida, yo estoy saliendo de la avenida. Solo hay una decisión que necesito hacer y ésa es entrar en el carro y dejarle manejar.

En cualquier momento que yo quiera dejar de ser una pasajera, mi esposo me hará recapacitar sobre el propósito de nuestro viaje. Él tratará de razonar conmigo de acuerdo a la logística provista. Él me atraería en base de nuestra relación de marido y mujer. Pero si yo, en mi terquedad, decido salirme, entonces, para prevenir que salga lastimada, mi esposo pisará en los frenos y se detendrá en el costado del camino para que salga de manera segura. Y en ese momento una gran muralla de dolor se levantará entre nosotros. Mi esposo ahora estaría dolorosamente confundido. ¿Debería él abandonarme a mi propia terquedad o debería continuar a rogándome y razonando conmigo para que entre de vuelta en el carro?

Mis queridos hermanos y hermanas, es un gozo el estar en el carro con el Espíritu Santo. Es el camino del amor. El camino del poder. El de la victoria. El de la paz. Cuando salimos del carro, estamos enfrentados con las tormentas de la vida. Somos víctimas del abuso de otros y nos ahogamos en nuestra propia tristeza y debilidad. El Espíritu Santo es un regalo para cada uno de nosotros. Él mora dentro de todo aquel que acepta a Cristo como Salvador, pero Él no gobernará como un dictador. Cristo no nos fuerza a aceptarlo como Salvador. De la misma manera, el Espíritu Santo no nos fuerza a aceptarlo como el chofer de nuestras vidas. En mi vida ha habido momentos en los cuales no he estado de acuerdo con la ruta que el Espíritu Santo ha tomado, y he tenido un gran regodeo de autocompasión, y no he escuchado a Su raciocinio, no he escuchado a Sus razones para confiar en Él, y he salido volando del carro. La tormenta inevitable que vino cuando yo me había removido de Su protección, no solo me hirió a mí pero también a todos alrededor mío. Le alabo al Señor de que la sangre de Cristo es más fuerte que mi propia estupidez y terquedad. Por Su gracia, sin embargo, podemos vestirnos con la vestidura de Su virtud. Ya no me siento culpable por aquellas veces en las que yo salí del carro.

Preparándome para las Misiones en Biola

Cuando salí de la Universidad Biola en 1971, mi ministerio cambió. Biola era una escuela cristiana de artes liberales. Parte del currículo era un proyecto obligatorio de servicio cristiano cada semestre. Como todos los estudiantes, yo completé fielmente este servicio. En el verano de 1973 fui aceptada para el Entrenamiento Misionero Práctico (EMP) con la Misión de América Central. Éste era un programa de ocho semanas que introducía a los estudiantes a varios aspectos del campo de misiones. Había cuarenta de nosotros que estábamos divididos en dos equipos. Además de la exposición en general, las actividades de los equipos eran personalizadas a los estudiantes individuales. Nuestro equipo estaba expuesto a la misiones médicas, radiales, de la selva, y de la educación Bíblica, sin contar la experiencia de vivir y servir en otra cultura.

Mi equipo sirvió en México y Guatemala. Nuestra primera exposición al estilo de vida misionero tuvo que ver con la adaptación a la comida. Por tres días y noches no comimos nada más que sándwiches de mantequilla de maní viajando en el tren desde el borde de Texas a la Ciudad de México. Durante las siguientes ocho semanas nosotros comimos mayormente frijoles refritos y arroz, desayuno, almuerzo, y cena. Hubo una excepción a esto: luego de pasar una semana ganando una existencia en la selva, nosotros dejamos la selva caminando y almorzamos hamburguesas y salchichas. ¡Nosotros creímos que habíamos muerto e ido al cielo! Aprendí que a pesar que la comida es hecha básicamente para llenar las necesidades del cuerpo, hay un lado definitivamente emocional y psicológico en aquello que se sirve en la mesa. A menudo he pensado de la lección que aprendí en la selva mientras yo preparaba comida para mi familia e invitados.

Como compartí en el capítulo tres, "Recién Casados", estaba preparando todo en mi vida para que concuerde con la meta de una vida en las áreas rurales de Etiopía como enfermera misionera. Sin embargo, mientras yo estaba en la universidad el Rey Haile Selassie fue derrocado en un golpe de estado por los comunistas soviéticos. Esto marcó un gran cambio en el trabajo de misiones que se hacía en Etiopía. Bajo un dogma comunista, cualquier cosa de una naturaleza religiosa, y especialmente de una naturaleza cristiana, era expulsada. Por quince años los creyentes en Etiopía vieron la clausura de sus iglesias, a sus pastores encarcelados, y sus colegios confiscados. Éste era un tiempo de gran dificultad, pero también era un tiempo de gran crecimiento en la iglesia Etíope. Los misioneros fueron desalojados del país; solo un personal esquelético quedó. A pesar de que nosotros habíamos estado fuera del país desde 1964, el Dr. McClenny, mi tío, permaneció en el país con su esposa para administrar una leprosería en el pueblo de Sheshamanee. Los comunistas lo pusieron bajo arresto domiciliario para así retener sus habilidades como doctor; sin embargo, ellos no le daban los recursos ni materiales necesarios para ayudar a la gente. Después de mucho estrés, la iglesia Etíope consiguió sacarlo de Etiopía. Ellos viajaron de noche y durmieron en casas privadas de día. Él escapó a través de Kenia y regresó a EE.UU. Conozco de otras historias donde los misioneros fueron salvados de líderes de regímenes comunistas quienes no tenían respeto por los misioneros, sus tierras natales, o al Dios al que servían.

Ministrando Junto a Dave

En el otoño de 1973 Dios determinó mi matrimonio con David Alan Black. En ese minuto supe que la búsqueda de la vida misionera en Etiopía ya no sería mi primera meta. Personas me han preguntado si este cambio era en realidad una falla, como si dijeran que la vida de misiones es un llamado mucho más importante y más digno que la vida como esposa. Mi respuesta a estas personas es la siguiente: Dios nunca me dijo que fuera una misionera en Etiopía; ése fue mi deseo personal. Etiopía era mi hogar, yo amaba a la gente, y quería ayudarles. Pero cuando Dios me dijo, "Aquí está tu esposo", Él me estaba dando una orden directa. ¿Cómo podía abandonar Su comando a favor de mis propios sentimientos hacia mi tierra natal? Cuando me gradué en 1976 y di mis votos de matrimonio, mi enfoque era ahora el de servir a mi esposo como su asistente nombrada por Dios, a pesar de que amaba Etiopía y estaba siempre en mi corazón. Por esto, mantenía la casa ordenada, atendía las necesidades nutricionales, administraba el presupuesto de la casa, trabajaba fuera del hogar, atendía a los niños, la manera en la que me vestía, todo era un acto de servicio para mi esposo bajo el nombramiento de Dios. Nunca vi a mi matrimonio como un arreglo negociado. Ciertamente yo era igual en valor a Dave, ambos parados en la misma tierra al pie de la cruz. Pero mi función en servicio al Señor era el facilitar el ministerio que Dios le había encargado a mi esposo. Como tal, su necesidad se volvió mi enfoque. Mucho de esa necesidad se centraba en mi habilidad para proveer ingresos para nuestros gastos y para su educación. Así que trabajar fuera de casa era una extensión de mi compromiso de matrimonio.

    Otra manera en la que servía a mi esposo era en facilitar educación a los niños. Otra manera era al brindarle a sus clases y sus alumnos un toque especial que solo una esposa puede dar. Durante nuestros 37 años de matrimonio, he horneado galletas y tortas  para alentar a sus estudiantes en el día del examen final. Cada semestre que Dave enseñaba, con alguna rara excepción, hemos abierto nuestro hogar a los estudiantes. Estos estudiantes podían traer a sus compañeros de cuarto, pareja, padres, o quien sea que quisieran. En California, a menudo teníamos hasta ciento cincuen-

La Historia de Mi Vida

ta estudiantes viniendo en un solo día. Aprendí que mi capacidad de anfitriona eran ochenta y cinco personas; ¡después de eso necesitaba ayuda! En California lo llamábamos una comida fraternal de tierras natales. Les decíamos a los estudiantes que trajeran comida que reflejara su origen étnico. Que gozo era observar a los estudiantes afroamericanos en pantalones cortos y sandalias sirviendo alimento para el alma al costado de estudiantes coreanos portando vestimentas de tres piezas, sirviendo especialidades artísticas coreanas. Esparcidos a lo largo de la mesa se encontraba la comida típica estadounidense como pizza y pollo frito. Esos días eran como un pedacito del Cielo mientras me maravillaba de la diversidad que compone la iglesia de Dios. Cuando nos mudamos a Carolina del Norte, la escena cambió dramáticamente. Ya no había diversidad étnica; la comida era una aburrida cacerola, cacerola, cacerola. Le alabo a Dios de que en los últimos años ahora tenemos comida mexicana, afroamericana, y coreana sobre nuestras mesas.

Además de mi ministerio para con los estudiantes de Dave, yo también servía como mentora especial a muchos estudiantes. A pesar de que yo no me sentía calificada, era feliz de servirles, a mi esposo, y al Señor de esta manera. Aparte de mi ministerio con mi esposo, mi servicio con los pacientes y mis clientes era importante para mí. Cada día cuando iba a trabajar al hospital, yo anticipaba servir a pacientes, doctores, enfermeras, y personal del hospital como las manos y pies de Jesús. Es por Su gracia que muchos se sintieron "seguros" de discutir asuntos espirituales conmigo hasta las altas horas de la noche, o en la privacidad del cuarto de un paciente. A menudo se me asignaba los pacientes moribundos. Con mis clientes financieros yo me comprometía ante el Señor el nunca permitir incentivos financieros que influyan mis recomendaciones de clientela. Éste era un pacto entre Dios y yo porque yo estuve ahí como Su sirvienta ayudando a gente durante su estrés financiero. Otra área de servicio era para con mis hijos; tu puedes leer más de esto en el capítulo 5, "Maternidad", y en el capítulo 9, "Mentiras, Mentiras, Mentiras".

Un área final de servicio, y posiblemente el menos significante, era mi rol en nuestras iglesias locales. Al pasar de los años, yo serví como la directora de programación de la Clase Dominical, como diácono, pianista, y organista, miembro del coro, profesora de EBV, y trabajadora de OANSA. Fue en el coro de la Iglesia Amigos de

Granada Heights en La Mirada, California bajo Warren Ediger que yo aprendí a cantar no solo con mi voz pero también con mi corazón y mi mente. La importancia de la excelencia en el servicio, el traer a la persona entera dentro del servicio, era lo que se enfatizaba. Yo aprendí como cantar bien con mi cuerpo, como meditar en la música con mi mente, y como armonizar mi corazón con el mensaje. Le agradezco a Dios por los años que pasé en ese coro. En la iglesia de la universidad en La Mirada, California, tuvimos un fantástico profesor de la Biblia; él sistemáticamente instruía al rebaño de ovejas: El domingo en la mañana, la noche del domingo, y la noche del miércoles. Le tomó años completar un libro de la Biblia, pero puedo decirte que era beneficioso. Dios puso en mi corazón el crear una biblioteca de cintas de sus sermones. Yo creé un sistema para organizar el registro de retiro de las cintas y un ministerio de confinados que alguien me dijo que era el equivalente al trabajo doctoral. El día de hoy la colección de cintas está aún en la posesión de la iglesia ahora llamada Primera Iglesia Bautista de La Mirada.

Ha habido tres cosas que deseo destacar de mi servicio en estos últimos años de mi vida. La primera cosa es el gozo de aconsejar a tantos jóvenes hombres y mujeres. Nunca en mis sueños más locos imaginé que Dios me daría tanto gozo y privilegio. Él me ha enviado mujeres jóvenes, de la edad media, e incluso algunas ancianas quienes buscan al Señor y desean experimentarle a Él en sus vidas. Es una gran alegría el compartir con ellas la verdad acerca de Él que yo había aprendido y luego verlas implementar esas mismas verdades en sus vidas. No tengo las palabras para poder describir el gozo que esto me ha dado. El segundo ministerio en mis últimos años ha sido el ministerio del retiro. Siempre había tenido una pasión para la hospitalidad para poder tener gente en mi casa a la que pueda "criar" y cuidar. Me gusta brindarles refugio en momentos tormentosos de sus vidas. Me gusta crearles un lugar seguro donde podamos reírnos juntos, llorar juntos, y examinar los problemas de la vida juntos. En los años 1970 el Dr. Francis Schaeffer y su esposa Edith establecieron un lugar de retiro llamado L'Abri. Edith Schaeffer había escrito libros sobre su rol en ese ministerio. Gente venía de todas partes del mundo para hablar del lugar de Dios y las Escrituras en sus vidas. Ella se volvió mi ejemplo a seguir para el ministerio de la hospitalidad. Ella quietamente buscaba crear un ambiente cálido y reconfortante, y luego ella permitía al Espíritu Santo que haga Su trabajo usando cualquier medio que quisiese. Cuando nosotros compramos la hacienda en Virginia en el 2001, uno de los principales propósitos de la compra era el crear un lugar de descanso para aquellos que lo necesitaban. Aquí tenemos 123 acres de bosque y prados, arroyos y vida silvestre, y animales domésticos. En nuestro hogar en Bradford Hall, teníamos dos cuartos suites de invitados, áreas de acampado, y una recientemente completada hacienda llamada Cresta del Arce. Toda esta hacienda le pertenece a nuestro Señor Jesucristo, y nosotros deseamos servirle a Él a través de este ministerio de hospitalidad y descanso.

 Ministerios en el Extranjero

En la última década Dios ha satisfecho mi deseo de toda la vida de ministrar en Etiopía. En 2004, después de veinte y ocho años de enseñanza, mi esposo obtuvo su primer semestre sabático de enseñanza. Esto fue un tiempo que su seminario le permitió, con sueldo pagado, como descanso académico y estímulo. Yo bromeando digo que aún después de veintiocho años de matrimonio, mi esposo no me entendía porque él no había estado en Etiopía. En muchos sentidos, ésa fue una declaración cierta.

Aquellos de nosotros que somos NTCs (Niños de la Tercera Cultura) somos un enigma social. (NTCs son aquellos niños quienes han pasado una parte significativa de sus vidas, especialmente los años formativos, en una cultura diferente a la de sus padres). Tenemos peculiaridades en nuestra personalidad y cambios en valores y estilos de comunicación que son confusos para la mayoría de la gente. Ellos no pueden entendernos, lástima por el pobre hombre que se casa con una NTC. Uno de los grandes servicios que presté a mi marido fue hablarle para ir a África conmigo. En noviembre del 2004 viajamos a Etiopía. Por seis semanas ministramos, hicimos turismo, y visitamos sitios nostálgicos.

Cristianismo y Etiopía

La tierra de Etiopía es excepcional; es una antigua tierra que es mencionada en el libro de Génesis como también en el Apocalipsis. Está llena de tradiciones antiguas, no muy diferente de China. Es el único país en África que nunca fue colonizada, aunque estuvo brevemente ocupada por los Italianos durante la segunda guerra mundial. Ellos dicen que el final de la era de colonización se inició en Etiopía, cuando los guerreros etíopes derrotaron a los modernos soldados portugueses en la batalla de Adwa en 1888. Aunque sabemos de la introducción del evangelio por el apóstol Felipe a un oficial etíope en Hechos 8, las raíces del cristianismo en Etiopía datan oficialmente del año 316 cuando dos hermanos europeos fueron capturados en un barco que pasaba el mar Rojo y fueron traídos a las montañas del rey etíope del imperio Aksum. Ellos le contaron al rey acerca del evangelio, y el rey y toda su corte fueron convertidos.

Estos dos hombres, llamados Frumencio y Edesio, se quedaron en Etiopía voluntariamente para discipular a los nuevos creyentes. Ellos luego pidieron que el patriarca de la iglesia Copta (Egipto) le enviara sacerdotes para continuar el desarrollo de la iglesia en Etiopía. Todo esto ocurrió en las décadas inmediatamente después del establecimiento de Constantino como el emperador del "Santo" imperio Romano. Cuando Constantino llegó al trono, la iglesia estaba baja una fuerte persecución. Él revirtió la persecución al hacerse cargo de la iglesia. Él la organizó en cinco divisiones, y escogió un patriarca para supervisar cada división. La iglesia Copta fue una de esas divisiones. El Patriarca administraba desde Alejandría en Egipto. Como la historia lo tendría, en los siglos siguientes a Constantino, la división Romana se separó de las divisiones Orientales. La división Romana llegó a ser lo que es ahora conocido como la Iglesia Católica Romana. La división Oriental llegó a ser conocida como la Iglesia Ortodoxa. Cada Iglesia Ortodoxa tiene su propio Patriarca, y cada Iglesia Ortodoxa ha estrechado vínculos con el poder político de su país –por ejemplo, la Iglesia Ortodoxa Rusa, la Iglesia Ortodoxa Rumana, y la Iglesia Ortodoxa Griega. Debido a esta cercana relación entre la Iglesia Ortodoxa y su gobierno, ser "ortodoxo" es ser "patriótico". La identidad nacional y la afiliación religiosa están estrechamente vinculadas. En el caso de Etiopía, la iglesia quedó bajo el Patriarca de Egipto hasta 1958. Ahora, Etiopía tiene su propio Patriarca. Mi esposo, Dave, se reunió con el reciente pasado Patriarca Abuna Paulos.

Abuna Paulos murió inesperadamente en el 2012. Ahora Abuna Mathias sirve como el jefe de la Iglesia Ortodoxa Etíope. En los Estados Unidos hay ramas de la Iglesia Ortodoxa Etíope. Hay obispos y sacerdotes sirviendo a estas iglesias, al igual que en las iglesias de Etiopía.

Cuando Frumencio trajo por primera vez el evangelio al rey, era el verdadero evangelio de los apóstoles. Pero como sucede con muchas afiliaciones de iglesias, con el paso del tiempo el evangelio

llegó a corromperse en estas iglesias etíopes. Hoy es difícil encontrar el simple mensaje de Jesucristo quien es el único Salvador del mundo.

En el extremo norte de Etiopía, cerca de la ciudad de Labella, hay iglesias de piedra. Estas iglesias fueron talladas de un enorme peñasco en los años 1100.

Estas fueron talladas con herramientas primitivas, sin embargo son perfectamente simétricas en cada detalle. Es increíble ver estas iglesias con canales de lluvia funcionales, bautisterios, ventanas, puertas y gradas, todo en una armonía perfecta. La tradición etíope dice que estas iglesias fueron construidas con la ayuda de ángeles sobre un período de veintiocho días. Muchos fieles ortodoxos han viajado a Labella como una manera de rendir homenaje, y tras su muerte fueron colocados en criptas funerarias. Recuerdo el 2004 mirando esqueletos y cadáveres momificados en enclaves funerarios abiertos. De alguna manera ellos pensaban que morir en alguna de estas iglesias y ser puesto a descansar en una abertura de la piedra cerca a la iglesia elevaría sus posibilidades de alcanzar a Dios en el más allá. Después de nuestra visita en el 2004, el gobierno etíope removió todos los cadáveres, pensando que eran de mal gusto para

muchos de los turistas viniendo al área. Yo siento pena por todas las pobres almas que dependían sobre su lugar de entierro para asegurar su lugar con Dios.

Ministerio en Burji

En 2004, Dave y yo tuvimos una oportunidad para visitar estas famosas iglesias, el Nilo Azul, el lago Tana, y los antiguos palacios en Gondar. Siempre me ha gustado la historia, y fue emocionante para mí ver estos lugares históricos en Etiopía. Dave y yo no teníamos ninguna intención de un extenso ministerio en Etiopía cuando fuimos en el 2004. Pero Dios tenía otros planes. La noche que llegamos en Etiopía, Dave puso su cabeza en la almohada en la casa de huéspedes y me dijo: "Amo tanto a estas personas que me duele". Supe en ese momento que Dios había contestado un sueño de toda mi vida. ¡Él tenía trabajo para nosotros en Etiopía!

En las seis semanas que estuvimos allí, Dave enseñó en varias escuelas bíblicas y yo trabajé en la clínica de una misión rural. Además, visitamos las antiguas casas misioneras, las cuales todavía estaban en pie. Fuer realmente excitante ser recibidos por la gente

La Historia de Mi Vida 105

etíope. Donde sea que íbamos, cuando ellos descubrían que yo era hija de misioneros, ellos me abrazaban como si fuera una de ellos.

Muchos de ellos recordaban a mi papá y a mi mamá y con frecuencia decían: "Tus padres abrieron el cielo para nosotros", "tus padres fueron nuestro padre y madre", "tus padres nos dieron vida". Esto pasaba especialmente cuando fuimos a Burji, una pequeña área en el extremo suroeste de Etiopía. La gente estaba feliz de verme. Desde que los soviéticos habían expulsado a los misioneros de Burji no había habido esfuerzos del mundo exterior para ayudar a las iglesias que pasaban dificultad en estas montañas. Nadie en la ciudad capital sabía cómo nosotros podríamos llegar a Burji. "Ustedes no pueden llegar a allá desde aquí", nos dijeron. Pero yo estaba determinada a llegar a Burji, así que decidimos ir sin saber cómo iríamos a llegar. Por la providencia de Dios, donde Dave estaba enseñando el evangelio de Juan ¡había un estudiante de Burji! Este estudiante prometió llevarnos allá.

Había un viejo y desvencijado autobús que tendría unos cien años de antigüedad que viajaba por una carretera de dos carriles, llena de baches, llamada la "Carretera Pan Africana". Este estudiante de Burji consiguió asientos para nosotros en el autobús. Yo estaba tan emocionada de estar yendo a casa que difícilmente podía contenerme. Todos querían saber quiénes éramos y porqué estábamos en el fin del mundo. Yo explicaba que era Burgynia, y que crecí en Burji. Ellos estaban sorprendidos que yo haya regresado. Un hombre en el autobús era un evangelista de Burji; él estaba tan emocionado de oír que mi papá era Tex Lapsley. Él había oído de mi papá, y dijo, "Tu papá tuvo la reputación de ser un trabajador incansable". Le dimos a este evangelista un libro en amhárico que habíamos traído con nosotros. Inmediatamente él empezó a leer el libro; ¡él estaba muy emocionado con este regalo!

Llegamos a Burji sin anunciar y nos llevaron a la casa de huéspedes. Estaba compuesta de una fila de cinco habitaciones de paredes de barro con dos camas simples en cada cuarto. No mesa, no silla, no alfombra. Nos acostamos cansados y fuimos tratados con una maravillosa tradición que aún existe en Burji. Worku y algunos otros trajeron una bandeja de agua para lavar nuestros pies. ¡Eso se sintió tan bien! Era una lección de humildad, y fue un gran ministerio espiritual para con nosotros. Como las noticias acerca de nuestra llegada se esparcieron, gente vino de todas partes para encontrarnos. Ellos trajeron dos mulas para llevarnos sobre la montaña desde el pueblo de Soyama a la estación de nuestra misión en Gambo. ¡Qué precioso regalo este viaje fue para esta gente y para el Señor! Por tres horas montamos y caminamos en las colinas de los extremos de Burji, llegando finalmente al lugar al que yo llamé mi "hogar".

La escuela que mi padre construyó estaba aún en pie. El gobierno la había estado usando para una escuela pública; aunque desmoronada, era todavía funcional después de cincuenta años. Mi casa también estaba en pie. Estaba en buena forma y estaba siendo usada para las oficinas de la escuela. ¡Qué gozo era para mí pasear a través de esta construcción y recordar tiempos de dulce bendición!

La Historia de Mi Vida 107

Dos años más tarde, en el 2006, llevé a mis padres de regreso a Burji para su última visita. Mi madre había traído un arbusto de rosas desde Nairobi, Kenia en 1963 y lo había plantado en el frente de su casa. Ese rosal se había esparcido y extendido. Habíamos cortado una parte del arbusto de ese rosal. Hoy, ese rosal de Burji está en nuestra hacienda en Virginia, en la casa de mis padres en Dallas, y en la casa de mi hermana en Houston. Dejamos a Gambo cargando piedras de ese lugar. Los etíopes pensaron que estábamos locos, que gastábamos nuestra energía cargando piedras. Pero hoy yo tengo una pequeña roca de mi hogar en Burji en la sala de mi casa en Bradford. Yo agradezco a Dios por estos pequeños recuerdos.

Ese viaje de seis semanas a Etiopía dramáticamente cambió nuestras vidas. Ambos Dave y yo tuvimos un amor renovado por la gente etíope y habíamos sentido que Dios había preparado todo eso para nosotros. Este trabajo empezó con un pequeño niño llamado Bereket. Su nombre de nacimiento fue Azanaw que significa "triste". Después de su nuevo nacimiento en Cristo, cambiamos su nombre a Bereket, que significa "bendición". Bereket nos encontró en los últimos días de nuestro viaje en la villa Felasha (judía) en Gondar. Él tenía quince años. Él tuvo lesiones en la córnea cuando sus ojos se infectaron después de que marcas tribales de un ritual

fueran hechas en sus cejas. Bereket trabajaba en una pequeña tienda. Él estaba intentando venderme una pequeña canasta artesanal para llevar comida hecha de hierba tejida y piel de cabra. Yo no estaba interesada en comprar la canasta, pero sí en el niño sosteniendo la canasta. Yo eventualmente compré la canasta y él me dio una canasta adicional solo por diversión.

    Yo no quise ofenderle con respecto a sus ojos, pero me sentí como una enfermera que podía hacer algo para aliviar su ceguera. Conseguí su nombre y el nombre de su padre (él no tenía dirección), y yo dejé la villa Felasha pidiendo al Señor que me muestre como impactar a ese niño para Cristo. Luego de nuestro retorno a los EEUU, Dios me guió a un doctor en Gondar, quien estaba dispuesto a viajar hasta la villa Felasha y encontrarse con Bereket. Su evaluación concordaba con la mía. Por la gracia de Dios, ella hizo arreglos para que él sea evaluado por un cirujano de trasplantes en la ciudad capital. Durante los próximos dos años se reunieron fondos para el trasplante de Bereket, y él fue traslado de Gondar a Addis. Agradezco al Señor por la escuela bíblica Meserte Kristos que le dio a él hospedaje y cuidado en las semanas siguientes al trasplante. Durante este tiempo, por medio de la atención amorosa que él nunca había experimentado antes, él aceptó al Señor como

La Historia de Mi Vida

su salvador. Aunque por un breve tiempo él tuvo visión perfecta, eventualmente los efectos laterales de la medicación anti-rechazo crearon glaucoma y otros problemas que deterioraron su visión de

nuevo, y nada más se podía hacer. Nosotros establecimos a Bereket en un negocio de lácteos y él todavía vive en Gondar administrando

su negocio y asistiendo a la iglesia Meserte Kristos en Gondar.

En el 2005 Dave tuvo un curso de griego durante seis semanas en el Colegio Teológico Evangélico en la capital. Nosotros grabamos un video de ese curso, y a través de la generosidad de otros fuimos capaces de hacer un juego de 24 DVDs que permitiera a las personas de todo el mundo leer el Nuevo Testamento en su lengua original.

También en el 2005 empezamos un programa de distribución de Biblias en Burji. Cuando dejamos Burji, el clamor de los ancianos de la iglesia fue: "¡No nos olviden!" Hasta hoy día yo puedo escuchar sus plegarias. ¡Burji está muy lejos! No hay librerías donde los cristianos puedan obtener una Biblia. Aun si ellos viajaran una larga distancia a un pueblo suficientemente grande para vender Biblias, el costo de una Biblia era demasiado caro para ellos. Como resultado, pocas personas en Burji poseen su propia Biblia. Si una familia tenía una Biblia, era guardada cuidadosamente. Sentimos que no era lo más apropiado regalar Biblias, sino darlas como premio por completar un programa de memorización (como

La Historia de Mi Vida 111

el ministerio ABM de mi niñez). Seleccionamos nueve pasajes de la escritura que tenían que ser memorizados perfectamente y recitados ante los ancianos de la iglesia. Estos pasajes incluyen Salmo 1, Salmo 23, Juan 3, Juan 14, Romanos 8:28-39, 1 Corintios 13, y Filipenses 4:8-12.

Al pasar los años ha sido grato para nosotros observar al Señor crear un interés por su palabra en los creyentes etíopes. Siempre que fuimos a Etiopía, o llevamos equipos de personas a Etiopía, hemos tenido el privilegio de escucharles recitar sus versos y el de darles su propia Biblia.

La primera vez que distribuimos Biblias ha quedado grabada en mi memoria. Las personas levantaron sus Biblias sobre sus cabezas cantando una canción feliz; ellos danzaron desde un extremo del jardín de la iglesia hasta el otro, y de vuelta de nuevo. ¡Oh si

tuviéramos ese amor por las Escrituras en los Estados Unidos!

Intencionalmente no he llevado la cuenta de cuántas Biblias hemos distribuido. Dios me instruyó, como al Rey David, para no contar a la gente. Yo no quería contar porque aquello podría producir orgullo y autosuficiencia. Las Biblias han sido dadas a jóvenes, ancianos, discapacitados, madres lactando; todos los estratos de la sociedad han abrazado este programa de memorización de la Biblia. La palabra de Dios que dura para siempre está ahora en manos de miles de personas por su gracia.

Recuerdo el día cuando estaba en mi cocina en EE.UU., y recibí un par de lentes de lectura. Mientras alcanzaba las gafas pensé para mí misma, "me pregunto si la gente necesitará lentes en Etiopía". Fui a la tienda Dollar Tree y reuní diversos lentes sin medida por un dólar cada uno. Hice estuches y pañitos de limpieza para lentes, y los distribuimos en nuestro viaje en el 2004. Yo aún puedo recordar dando el último par de lentes al líder de la iglesia en Burji. Él rompió en llanto, y me dijo, "¡Nuestros evangelistas han estado clamando por lentes!" Es impresionante como una inversión de un simple dólar puede cambiar la vida y el ministerio de una persona. En los años siguientes a ese momento, hemos llevado miles de lentes sin medida, y muchas mujeres se me han unido para coser los estuches para lentes. Nosotros damos estos lentes libres de costo después de examinar a cada persona.

Una vez, en una villa llamada Kulicho en Burji, yo estaba examinando a un líder musulmán. Mi rutina era que la gente trajera su Biblia y entonces yo les colocaba lentes de diferente medida y les hacía leer de nuevo. Este hombre no tenía Biblia, de manera que

La Historia de Mi Vida 113

le presté una Biblia y le hice leer Romanos 8:1: "Ahora, pues, ninguna condenación hay para los que están en Cristo". ¡Qué manera gozosa de presentar el evangelio a un hombre ciego por el Islam! Yo siempre he dicho, el trabajo humanitario es maravilloso pero tiene que ser hecho lado a lado con la presentación del evangelio. Nosotros no hacemos trabajo humanitario para halagar a la gente y hacerle sentir bien acerca de nosotros de manera que podamos presentar el evangelio – ¡No, No, No! Nosotros presentamos el

evangelio mientras hacíamos el trabajo. Mientras nuestras manos están haciendo el trabajo de dar lentes o alimento o ropas, nuestras bocas y nuestros ojos están presentando las buenas nuevas que un Salvador ha venido.

En otra villa de Burji durante otro viaje, yo estaba en una iglesia de un solo cuarto de paredes de barro distribuyendo lentes. Los líderes de la iglesia vinieron a mí y me dijeron que un líder musulmán quería un par de lentes. Yo seré honesta contigo, mi corazón clamaba, ¡No! ¡Estos son para mis hermanos y hermanas! Dios rápidamente me corrigió, y yo le invité a venir y sentarse conmigo. Él entró y se sentó mirando derecho hacia adelante. Él no me saludó; él ni siquiera me miró. Yo seguí mi rutina: Examiné sus ojos, encontré un par de lentes, y yo le hice leer para mí. Entonces el Espíritu de Dios me dijo: "Asegúrate de que él sepa de donde vienen los lentes". Yo doblé los lentes y los coloqué dentro del estuche, los mantuve en mi mano, y le dije, "Yo quiero que conozcas de donde vienen estos. Estos lentes no vienen de las Naciones Unidas; estos lentes no vienen de una organización de salud. Ellos no vienen del gobierno norteamericano o etíope. Estos lentes vienen de gente que ama a Jesús. Jesús te conoce y Jesús te ama, y Jesús le dijo a la gente que enviaran estos lentes para ti. Cada vez que uses estos lentes tú pensarás en Jesús. Él está vivo, Él está en el cielo, Él te ve, Él te conoce, y Él te ama". Con ese pequeño discurso yo le entregué los lentes. Él nunca me miró; él nunca me dijo gracias; él permaneció tan frígido como él estaba desde que se sentó al principio. Yo fui hacia la próxima persona esperando por lentes. Más tarde los líderes de la iglesia me dijeron que el líder musulmán estuvo alrededor de la iglesia por un par de horas y luego cuando él se fue dijo, "Yo nunca he visto tal amor como el que hay en este lugar".

Dos años después estuvimos aplicando al gobierno para el permiso de abrir una clínica rural en la vecindad de esta iglesia. Era conocida como una villa Musulmana, y un grupo de jóvenes musulmanes no querían a ningún cristiano en su villa, aun si era con el propósito de ayudar a la gente como con una clínica. Estos jóvenes musulmanes escribieron una carta solicitando al gobierno que no nos den el permiso. Ellos trajeron la carta para que la firme el líder de la villa. La primera persona a la que trajeron la carta fue al Sr. Lentes. El levantó su mano derecha y dijo, "¡Mi mano se rehúsa a firmar esta carta!" Entonces les explicó a ellos: "Nadie nos ama excepto estos cristianos. Nuestros líderes musulmanes solo quieren poner dinero en sus bolsillos. Nuestro gobierno no cuida de nosotros porque estamos muy lejos. La única gente que quiere ayudarnos son estos cristianos. ¡Yo no puedo firmar esta carta!" Después de su rechazo, los otros líderes musulmanes también rehusaron firmar. Dentro de pocos meses tuvimos la licencia para abrir nuestra clínica.

Nuestra clínica consistía de tres edificios de bloque de cemento desmoronados. Dos edificios sirvieron como vivienda para el personal médico, y un edificio era para almacenar las provisiones médicas. Había sido abandonado por el proyecto Miqueas muchos años atrás debido a la falta de fondos e interés del mundo extranjero. Estos edificios habían permanecido vacíos. Empezamos el trabajo de renovar los edificios, instalamos la energía solar, colo-

cando un sistema de recolección de agua con agua caliente solar, y construyendo un refugio de espera y una caseta de vigilancia.

Nosotros proveímos la nueva clínica con los elementos necesarios para el servicio médico básico. En suma, hicimos el gran gasto de comprar una camioneta Land Cruiser con cama grande para servirnos de ambulancia. La clínica tuvo un personal que consistía de un farmacéutico, un técnico de laboratorio, dos enfermeras, un secretario, dos guardias y un ama de llaves.

El propósito primario de esta clínica no era el trabajo médico sino el evangelismo. Desde el inicio tuvimos un capellán a tiempo completo llamado Salomón. Además del amor y el cuidado de las enfermeras, cada persona que vino a la clínica fue introducida a Cristo a través de señales en los postes, un altoparlante tocando temas cristianos y enseñanza bíblica, y el capellán visitando, enseñando, y orando por los pacientes en espera.

Muchos días el capellán de la clínica podía ser visto caminando a través de la villa instando a las personas que habían estado en la clínica a que vengan al Señor. Un líder musulmán de la villa se resintió profundamente por el hecho del trabajo cristiano que se encontraba en su villa. Un día él coordinó una reunión e instó a otros líderes a decirle a la gente, "No deseamos esta clínica, no nos está ayudando". Inmediatamente toda la gente se levantó y les dijo, "¡Nosotros queremos esta clínica, es una gran ayuda para nosotros!" En uno de mis viajes a Burji, dos hombres se levantaron en una reunión pública para expresar su agradecimiento a mí y a todos aquellos que se habían sacrificado en darles una ambulancia. Ellos dieron testimonio de como la ambulancia había salvado sus vidas cuando los Gujis les habían atacado. Mucha gente ha venido al Señor a través del ministerio de la clínica, y nosotros le alabamos por la oportunidad de haber podido completar este trabajo.

En este momento, Burji no tiene electricidad excepto por una corriente poco fiable en el pueblo de Soyama. Dios me dio una visión de establecer energía solar para la iluminación interior en varias iglesias para poder llevar estudios bíblicos por la noche, un micrófono para predicación, y un altoparlante con un reproductor DVD para música y enseñanza bíblica que se pueda esparcir por el campo alrededor de la iglesia. Por la gracia de Dios fuimos capaces de establecer este sistema en cinco iglesias de Burji. Esto solo representa al 20% de las iglesias de Burji. Yo alabo a Dios por las habilidades de Ed Johnson y Danny Chambers mientras ellos instalaban estos sistemas y enseñaban a Bange y Oshe como mantenerlos. Con respecto a las iglesias donde no pudimos instalar estos sistemas, Dios me introdujo a un producto de Global Network Recordings llamado SABER.

Esta robusta grabadora manual tenía una batería interna que podía ser cargada por corriente solar o por corriente directa. Adicionalmente podía ser energizada a mano. El reproductor tenía una memoria interna para almacenaje permanente. También podía usar tarjetas SD. Yo compré veinticinco de estos SABERS y puse el libro de Santiago en amhárico en la memoria interna. Por la gracia de Dios y la generosidad de la iglesia Mekane Yesus en Addis, fuimos capaces de conseguir la traducción al amhárico y oromo del estu-

La Historia de Mi Vida 117

dio "A través de la Biblia" de J. Vernon McGee. Además fuimos capaces de conseguir copias de emisiones de radio que MIS había hecho en Etiopía. Establecimos una biblioteca, similar a la que yo había establecido en la Iglesia seminario, en La Mirada en 1978, con cientos de mensajes. Estos mensajes fueron puestos en CD con el fin de radiodifusión en iglesias con altoparlantes y en tarjetas de memoria SD para usarse en las iglesias que tenían el equipo SABER.

Dios ha usado este ministerio grandemente. Déjame contarte dos historias. Una de las iglesias altoparlantes es Kulicho. Una noche la iglesia estaba teniendo un servicio de alabanza. La música era difundida por el altoparlante. Esta es una de las villas que los musulmanes reclamaban como su propiedad.

Ellos empezaron a tirar rocas a la iglesia. Varias rocas rompieron el delgado techo, pero gracias a Dios nadie resultó herido. Los cristianos llamaron a la policía de Burji, y se les avisó a los musulmanes que los cristianos tenían el derecho a adorar en la manera que ellos deseaban. Los musulmanes no pueden dictar la religión. Este encuentro provocado por el altavoz marcó la pauta de paz en Kulicho, y los musulmanes alrededor de Burji se calmaron.

En la villa de Wordaya, los cristianos estaban congregados escuchando al SABER. El volumen del SABER podía subir alto de manera que se podía acomodar a un grupo grande. Los no creyentes de la villa se reunieron para escuchar. Yo no sé qué pasaje estaban escuchando; tal vez era el de los evangelios cuando Jesús estuvo sanando gente. Pero después de la reunión encontraron a un hombre musulmán acercarse a los ancianos de la iglesia para preguntarles: "¿Sana Jesús?" Ellos respondieron, ¡Sí! El hombre procedió a contarles que su hijo tenía un problema de hemorragia. c gastó los ahorros de su vida llevándole a numerosas facilidades médicas, al curandero, al imán musulmán, todo por gusto. Él trajo su hijo a los ancianos de la iglesia, y ellos oraron por él. El poder de Jesús le sanó inmediatamente. Las noticias de la sanidad se esparcieron. Pronto muchas familias musulmanas vinieron a Cristo y un gran avivamiento brotó en esa villa. Esta es la misma villa donde un anciano evangelista etíope había estado predicando años atrás. Sus corazones estuvieron tan duros contra el evangelio. El evangelista plantó un pequeño árbol, y les dijo a todos, "Este árbol es un testimonio, y cuando crezca, ustedes vendrán a Cristo". Ese árbol está ahora crecido. Nos han dicho que los no creyentes que trabajan en los campos están cantando canciones cristianas que ellos han oído por el altoparlante. Confiamos en que estas canciones llegarán a ser la raíz de su nuevo nacimiento.

Ministerio en Alaba

Además de Burji, Dave y yo empezamos a trabajar en un pueblo llamado Alaba. Había sido siempre un bastión musulmán con fuertes vínculos al Medio Oriente. Yo te puedo contar historia tras historia de Dios rompiendo con el evangelio la oscuridad del islam. Yo conozco varios líderes musulmanes a los cuales Cristo les visitó personalmente quienes ahora son fuertes líderes cristianos. Ha sido nuestro privilegio venir a acompañarles en la labor del evangelismo. Yo fui introducida a Alaba cuando era una jovencita. Tuvimos que ir a través de Alaba cuando viajábamos a lomo de caballo para llegar a la estación de mi misión en Bobitcho, Hosanna. Aun a una edad joven, yo pude sentir una oscuridad espiritual. La posada donde nosotros llegábamos está aún en pie. Es tan real como mis memorias. El pueblo de Alaba radica en la orilla del Bilatte. El distrito de Alaba descansa en el Gran Valle de la Grieta. Como tal, está surcado por la malaria y la tifoidea. En alguna época, un tercio de la población de Alaba estaba enferma con malaria tanto como con tifoidea y tifus.

Nuestro propio trabajo en Alaba empezó en el 2005. Por varios años habíamos estado patrocinando un estudiante en el Colegio Teológico Evangélico (CTE) en Addis Ababa. El estudiante vino de Alaba. Un día él nos escribió un correo electrónico. Simplemente dijo, "Perdimos a uno". Esto me confundió. Yo respondí, "¿Qué quieres decir con que perdimos a uno? Entonces él explicó que un joven musulmán había asesinado a un cristiano de 19 años. Nuestro corazón fue movido con compasión por los padres del muchacho de diecinueve años tanto como por el joven musulmán que lo había asesinado. Así que en el verano del 2005, mientras Dave estaba enseñando en el CTE, él y un amigo etíope tomaron un fin de semana para visitar y consolar a la familia.

Después de visitar a la familia, Dave fue a la prisión para encontrarse con el asesino. Su nombre era Muhammad. Cada vez que fuimos a Alaba después de eso siempre haríamos una parada para ir a la prisión para ver a Muhammad. Nosotros le trajimos una frazada, un par de zapatos, o una camisa, incluso una Biblia que él había pedido. Un día cuando ya estábamos listos para dejarle, Muhammad nos dijo, "Estoy listo". Le preguntamos, "¿Listo para qué?" Él respondió, "Yo estoy listo para declarar que Jesucristo es

el Señor". De manera que en esa prisión él levantó sus manos hacia el cielo y delante de todos declaró, "¡Yesus Getano!," "¡Jesús es el Señor!" ¡En Alaba, aquellas eran palabras de combate! Luego nos dijo, "Mi mamá y mi papá me abandonarán, así que ahora ustedes son mi mamá y mi papá". ¡Nos regocijamos de llegar a ser sus padres cristianos!

Muhammad empezó un curso Bíblico por correspondencia, el evangelista de la iglesia se encontró con él semanalmente para discipularlo, y el Espíritu de Dios empezó a redimirlo. El cambio en Muhammad fue dramático. En una visita le pregunté cómo le iba con los otros prisioneros, es decir, con los otros musulmanes en la prisión. Él respondió "Oh, ellos quieren que regrese, pero yo no les tengo miedo". Pronto el director de la prisión estaba colocando a Muhammad en posiciones de liderazgo, y luego lo recomendó para obtener libertad condicional. Muhammad dejó la prisión de Alaba tras servir solo el 75% de su condena, un nuevo hombre por medio de la sangre de Cristo. Hoy Muhammad está viviendo y trabajando en Addis, la capital. Tenemos la copia original de su absolución en nuestra caja fuerte.

Nuestro trabajo en Alaba a lo largo de los años ha sido muy diferente de nuestro trabajo en Burji. La necesidad primaria era por asistencia en la construcción de edificios para iglesias. En la mente musulmana, un edificio representa control territorial. Alrededor del 2004, un país del medio oriente donó millones para la construcción de mezquitas en Etiopía aun cuando no existían musulmanes. Estas mezquitas fueron ubicadas en posiciones estratégicas a lo largo de las principales carreteras para comunicar a todo el mundo, "Este es territorio Musulmán". Esto tuvo un efecto intimidatorio y ayudó bastante en la conversión de la gente al Islam. En Alaba, los cristianos rurales estuvieron reuniéndose en casas privadas (chozas), lo cual no tenía significancia para los musulmanes. Por la gracia de Dios, construimos cerca de catorce simples edificios para iglesias. Como resultado de estos edificios, muchos musulmanes quienes

se habían sentido intimidados reunieron el coraje para convertirse a Cristo.

Recuerdo que una vez estando en uno de estos nuevos edificios de iglesia. Estuvimos realizando un taller de agricultura. Habíamos invitado a la gente a venir y escucharme a mí y a Lloyd Williamson, quien era un especialista agrícola en Virginia. Discutíamos los ingredientes necesarios para que la tierra de un rendimiento máximo,

los principios de la preservación del agua y la erosión del suelo. Al final de la charla de Lloyd, yo distribuía semillas. Pedimos a la gente dividirse en grupos y elegir un líder en su grupo. Le di un saco de semillas a cada líder para que lo distribuyese en su grupo. Antes de darles las semillas, yo les dije al grupo "Yo quiero que sepan de donde vienen estas semillas. Estas semillas no vienen de las Naciones Unidas, o del gobierno norteamericano, o del gobierno etíope. Estas semillas han venido de gente que ama a Jesús". Mientras daba mi pequeño discurso, un musulmán, sentado en primera fila, me interrumpió: "¿Es esta la última cosa que tenemos que escuchar?" Yo repliqué dulcemente, "Sí," y continué con lo que estaba diciendo. En mi experiencia, musulmanes siempre pelearan incluso por la más minúscula semilla. No me gustó estar en ese tipo de atmósfera de confrontación. Los cristianos nunca discutieron, pero los musulmanes siempre discutieron y reñían.

Dejé la iglesia y fui alrededor de la choza hacia la parte posterior. Esta choza pertenecía al hombre cristiano que había empezado la iglesia y donado la tierra a la iglesia. Para mi asombro, el hombre que me había interrumpido me siguió. Nos paramos en la parte posterior cerca a la casa y él dijo, "Yo creo que el camino de Jesús es el camino correcto". "¿De veras crees eso?" yo respondí. "¿Por qué?"

Él entonces explicó que él había observado la donación de la tierra para la iglesia. Él dijo, "ustedes han dejado Norteamérica, y nadie les está pagando para que vengan a este pobre lugar. Les ha costado bastante servirnos. Yo creo que el camino de Jesús es el camino correcto. Pero nosotros los musulmanes les hacemos la vida imposible a los cristianos. Mi hermano llegó a ser un cristiano y tuvo que huir lejos de aquí. Nosotros quemamos sus casas, quemamos sus campos, matamos sus animales, y los ponemos en prisión". Yo respondí, "Sí, ustedes hacen todas esas cosas, pero Jesús está todavía con nosotros. Él no nos deja, y Él nos da un gozo interno que es más fuerte que cualquier cosa que ustedes nos puedan hacer". Y continué, "Jesús dijo, ¿De qué le aprovecha al hombre si él gana el mundo entero pero pierde su alma?" El hombre me miró y dijo, "¿Orarás por mí para tomar la correcta decisión?" Yo no conozco el nombre de este hombre; Dios conoce quién es él. Pero aún hoy yo estoy orando para que él tome la decisión correcta.

Esta pequeña historia es representativa de la vida en Alaba. Mucho de nuestro trabajo ha sido para animar a los que son perseguidos, para ayudar a los pobres, y para facilitar el trabajo de los evangelistas. Cuando empezamos a trabajar en Alaba, Osama Bin Laden había empezado a hacerse famoso. Grandes afiches con su foto estaban por todo Alaba, y muchos musulmanes en Alaba dejaron crecer sus barbas por ese tiempo. Cuando pregunté acerca de eso, ellos respondieron, "Nosotros queremos ayudar a Osama a esconderse". Como he dicho, estos musulmanes tienen vínculos directos con el medio oriente. Una vez, unos pocos días antes de que lleguemos, los militares etíopes habían incursionado en Alaba y cerrado varios campos de entrenamiento terroristas. Por estas razones, la mayoría de la gente blanca estaba temerosa de ir a Alaba. Pero Dios removió todo el temor de nosotros, y ha sido nuestro gozo el pararnos lado a lado con estos hermanos en los últimos años.

Gondar

El último lugar de Etiopía donde hemos sido honrados de trabajar es en la ciudad norteña de Gondar. Mientras que se corría la voz del trabajo del Señor a través de nosotros en Burji y Alaba, y se esparcía en toda Etiopía, Dave y yo fuimos bombardeados con peticiones de ayuda de otras localidades. Una de estas peticiones vino de los ancianos de la Confraternidad de Iglesias Evangélicas (CIE) en Gondar. Ellos tenían el deseo de establecer iglesias. Esta área, el noroeste de Etiopía, es fuertemente ortodoxa. La tierra es muy dura para el Evangelio. La persecución de parte de los ortodoxos era mucha, y los fondos para evangelistas no estaban disponibles. De manera que firmamos un acuerdo de asociación con cinco iglesias para compartir el salario para poder enviar evangelistas hacia villas no alcanzadas. Era un acuerdo de tres años. Cada año nosotros pagamos menos y ellos más para la recaudación del salario de los evangelistas.

Varias historias emocionantes salieron de este trabajo. Déjame contar tres. Primero, en la Iglesia Ortodoxa hubo muchos sacerdotes creyentes. Dos de ellos han trabajado encubiertos dentro de la Iglesia Ortodoxa compartiendo estudios bíblicos y guiando gente hacia Cristo. Dos veces las autoridades eclesiásticas les descubrieron. Una vez fueron encarcelados y una vez fueron apedreados fuera del pueblo, pero ellos aún permanecen fieles; solo tuvieron que mudarse a otra villa y empezar de nuevo. Por la bondad de Dios, aquellos que vinieron a la fe bajo el cuidado de estos dos hombres están todavía reuniéndose, creciendo en la gracia y en el conocimiento de nuestro Señor Jesucristo.

Segundo, un evangelista, llegó a una villa y estaba yendo a visitar a la gente. Mientras caminaba por las calles, un curandero vino a saludarle. El curandero odiaba el nombre de Jesucristo, y por medio del poder satánico él provocó que un enjambre de abejas viniera a atacar al evangelista. Sin dudarlo, el evangelista levantó su mano y dijo con fuerte voz, "Por el poder de Jesucristo, ¡te ordeno que te detengas!"

Instantáneamente las abejas se fueron. Cuando visitamos la iglesia plantada por este evangelista un año después, allí estaba sentado el curandero. Él había venido a Cristo, ¡Alabado sea Dios!

Finalmente un evangelista había sido asignado a un área no alcanzada cerca de la frontera con Sudán; él y su pareja evangelista estuvieron construyendo una casa allá. En esa área de Etiopía, las casas son construidas con una mescla de ramas y hierba alta. Es muy, pero muy caluroso allí. Las paredes están abiertas para que entre la brisa, y el techo es hecho de hierba alta. El evangelista llevaba su machete largo y estaba cortando la hierba cuando una serpiente venenosa le mordió en su pie descalzo. Él fue llevado a una casa a medio construir y le dijeron, "No hay ayuda médica aquí; solamente podemos llamar al curandero". El evangelista declaró, "¡Nunca! ¡Yo prefiero morir que dejar a Jesús!" Él estuvo en estado de coma varios días, pero por la gracia de Dios él fue sanado. Él continúa con la misión y vio a varios venir a Cristo en esa área.

Nuestro trabajo continuo

Como pueden ver, Dios usó las cosas al principio de mi vida para facilitar las cosas en mi vida madura. Ministrar simplemente significa servir a otros como las manos y los pies de Jesús. Significa simplemente influenciar a otros para Cristo. No tiene nada que ver con educación formal, títulos oficiales, o pago de salario. Estoy alegre por la sabiduría de Dios en ordenar su iglesia de tal manera que gente común puedan llegar a ser sus embajadores. En el último año, nos hemos asociado con el Equipo Evangelístico Peniel en la India. Este es un grupo de evangelistas trabajando en iglesias y orfanatos y en una escuela Bíblica para el avance del evangelio en una gran área no alcanzada. Este es el "puente" rodeado por Nepal, Bután, y Bangladesh. Es nuestro gran gozo unir nuestras manos con ellos en este trabajo. Actualmente estamos representándoles ante otros creyentes a través de nuestro sitio web, y estamos canalizando

fondos para ellos de acuerdo a ofrendas designadas. Una de nuestras grandes preocupaciones en este momento es construir una escuela cristiana que pueda proveer fondos en el futuro para este ministerio. Si el Señor me mantiene aquí por más años, entonces yo espero tener historias para contar acerca de la India, tanto como Él nos ha dado historias para contar acerca de Etiopía.

 Mentiras, mentiras, mentiras

> La vida esta malograda…yo creo que es dañino que la "gente de la iglesia" trate de presentar la vida como algo más de lo que es. Algo fácil o alcanzable, "si lo haces bien," lo que sea que eso signifique. La cruda verdad es que la única esperanza de un cristiano es Jesucristo. Su amor, misericordia, fidelidad, provisión, y más que todo, su rectitud sobre nuestros hombres, cubriendo nuestras "inhabilidades." Nadie de nosotros es capaz. Nadie de nosotros es Dios. Si nuestros hijos nos recuerdan de aquella muy cierta verdad, pues entonces, mucho mejor.
>
> —Marianne Miles, en una entrevista con Ruth Wood en la página web *Comfort Cafe*.

El título de este capítulo puede sonar opresivo. ¿Quién quiere hablar sobre falsedades en la vida de alguien que está siguiendo a Cristo? Pero el hecho es que esta es la verdad que no hace libres (Juan 8:22). Las mentiras son lo opuesto de la verdad. Las mentiras vienen del maligno, quien es el "padre de mentiras." Desde el principio, en el Edén, él ha presentado medias verdades a la humanidad con el esfuerzo de mantenerlos en esclavitud.

Yo siento mucho el decir que yo me he quedado atrapada en algunas de esas mentiras durante mis seis décadas de caminar con el Señor. Y es mi oración que este capítulo pueda ayudarte a evitar estas mismas mentiras. Las mentiras son sutiles, y a menudo no es hasta después de muchos años cuando el daño ya está hecho que reconocemos las mentiras que guiaron nuestras decisiones y pensamientos.

Permíteme poner delante de ti algunas prominentes mentiras que me han afectado. Talvez estas mentiras están en tu vida también. Lo más pronto que sean confrontadas, mucho mejor.

Mentira #1: El Mito del Señorío Incompleto

En algún momento tenemos esta idea de que como Cristo tiene una porción de nuestras vidas, con tal que Él sea consultado ocasionalmente mientras tomamos nuestras decisiones, con tal que sus valores sean reflejados en alguna medida en nuestras vidas, entonces podemos llamarle "Señor". El mito dice, "Un pequeño Jesús es mejor que ningún Jesús". La realidad es que a menos que Él sea el Señor de toda nuestra vida, entonces Él no es Señor de nada. Su señorío es una proposición de todo o nada. Como Señor del universo, Él ha establecido la regla. Y su regla es "todo o nada". ¿De qué otra manera versículos como Mateo 10:37 y Lucas 14:26 podrían ser interpretados?

Es nuestra naturaleza no aceptar esta clase de ultimátums. Queremos el gozo, la protección, y la seguridad que viene con su señorío, pero no estamos dispuestos a entregar cada pequeño pedazo de nuestras vidas a Él. Así que jugamos con Él. Permítame darle algunos ejemplos.

Decimos una oración rápida que es mayormente rutinaria y automática sobre nuestras comidas y pensamos que somos obedientes a la orden de "dad gracias en todo". Como si unas pocas palabras pudieran reemplazar la actitud de un corazón genuinamente grato.

Oramos un poco más extensamente y naturalmente al tiempo de acostarnos, y pensamos que somos obedientes a la orden de "orad sin cesar" (1 Tesalonicenses 5:17).

Evitamos las bromas "malas" y reinventadas, pero secretamente disfrutamos escuchándolas. Vemos una película por su valor cultural, pero secretamente disfrutamos de la trama de su mal sabor. La pureza está comprometida con los oídos y ojos, mientras tratamos de evitar actuar lo que está pasando por nuestras mentes (Romanos 12:1-2).

Ponemos algunos fondos en el plato de las ofrendas, damos una ofrenda especial, o compartimos un poco con los necesitados, todo mientras albergamos una actitud de codicia y avaricia, o un espíritu de resentimiento. Ignoramos la realidad de que éramos campesinos hasta que el Señor Jesús comparte su riqueza con nosotros. (Hechos 5:1-11).

Seguimos el sueño americano, fingiendo éxito, y añadiendo un poco de Cristo para mejorar nuestra respetabilidad. Asistimos a la iglesia como parte de nuestra estrategia de red de negocios, todo mientras pretendemos ser buenos cristianos. En realidad, no somos mejores que los Fariseos y Saduceos, de los cuales Cristo dijo, "Ustedes son sepulcros blanqueados" (Mateo 23:27).

Optamos salir de la iglesia o del trabajo misionero, razonando, "Yo puedo ser un cristiano sin tener que involucrarme tanto", completamente perdiéndonos del corazón asociado con la iglesia o trabajo misionero (1 Pedro 1:13-25).

Es sutil, el añadir un toque de Cristo a nuestra vida, y luego atrevernos a llamarle "Señor". Escucha a las oraciones a nuestro alrededor, y nota cuan frecuentemente "Señor" se menciona ¿No es esta una violación del primer mandamiento? ¡Cómo nos atrevemos a llamarle "Señor" cuando nuestras acciones y corazones están llenos de hipocresía!" Yo me regocijo al decir que en la pasada década Dios ha abierto mis ojos para ver el Gozo de abandonarme a Él y a su camino. Él es Señor solo cuando Él es gobernador de todos los aspectos de nuestras vidas. Como Señor, Él revela su gloria solo a aquellos que se abandonan a sí mismos a Él.

Es el rol del Espíritu Santo mostrarnos como dejarle gobernar a Él. El Espíritu Santo nos impulsa a actuar en obediencia a la Escritura, nos da codazos para amar como nos amamos, y nos da convicción cuando hay un pecado que necesita ser tratado. Pero el Espíritu no gasta su tiempo y energía en aquellos que le "aplacan". Aquellos de nosotros viviendo bajo este mito estamos perdiendo tiempo. Estamos perdiendo años cuando pudiéramos conocerle a Él íntimamente, atreviéndonos a obedecerle en todas las cosas, y perdiendo nuestra capacidad de ver su gloria. Lamento que mucha de mi vida la pasé abrazando este mito. No era hasta que empezamos el trabajo en Etiopía que me di cuenta del gozo de abandonar todos los aspectos de mi vida a su gobierno. Oro que tú no malgastes tiempo, energía y dinero tanto como yo he gastado en esas cosas.

Mentira #2: La Mentira de Sustituir la Familia por Dios

Esta mentira realmente se ha puesto de moda en las pasadas dos a tres décadas. Está expresada en afirmaciones como, "Si tú fallas en casa, entonces tu vida espiritual entera ha fallado." En vez de buscar el carácter y la vida llena del Espíritu en la persona, miramos el comportamiento de los hijos o el esposo como una clase de prueba de fuego de la credibilidad espiritual. El ministerio se define como asegurarse de que tu esposo e hijos están sirviendo bien, de manera que "ellos siguen al Señor de todo corazón" (normalmente dando a entender que ellos son personas buenas, correctas, conservadoras).

Esta mentira no considera toda la enseñanza sobre el libre albedrío del hombre. Padres ganan su derecho al cielo en base a la piedad de los hijos, y ¡pobre del padre cuyos hijos usan su voluntad para ir contra el Señor!

Esta mentira también dice que todas las otras formas de ministerio son inferiores a la familia. El movimiento patriarcal en recientes años ha jugado un gran empuje de esta mentira. La vida de la iglesia ha reflejado este énfasis de que la unidad familiar debe ser elevada, incluso en las ordenanzas. El objetivo de esta mentira es elevar la unidad familiar y enfatizar la unidad familiar en vez de las relaciones individuales con el Creador, Redentor y Juez.

Pero echemos un vistazo a la vida de nuestro Señor Jesús. Él dejó a su familia biológica, dio la espalda a sus obligaciones sociales con su madre y hermanos, y persiguió con todo su corazón el corazón del Padre. ¡Él siguió al Padre sin condiciones (Mateo 12:48)!

Considere la llamada de atención de Pablo en 1 Corintios 7:29. Él dice, "Pero esto digo, hermanos: que el tiempo es corto; resta, pues, que los que tienen esposa sean como si no la tuviesen." En otras palabras, hay una urgencia en este mundo relativa al evangelio y al reino de Cristo que demanda que pongamos todas las cosas (incluso obligaciones maritales) detrás de nuestra obligación como ciudadanos del cielo para el avance de su reino. ¡Caray!

Alguna vez haz conocido a alguien que dijo, "Oh, yo no puedo hacer el trabajo misionero, yo no puedo cantar en el coro, yo no puedo enseñar en la clase de Escuela Dominical, yo no puedo envolverme en ese esfuerzo porque mi ministerio ahora mismo es cuidar de mi esposo y mis hijos". Lo que esta mentira está diciendo es que yo no puedo envolverme en el trabajo misionero, no puedo enseñar esa clase de Escuela Dominical, yo no puedo participar en el esfuerzo para alcanzar al vecindario porque mi familia me necesita. Yo no estoy diciendo que las necesidades de tu familia no son importantes. Lo que estoy diciendo es que este mito dice que cocinar sopa para la familia vale más en la escala ministerial que hacer un esfuerzo de alcance en la Lavandería o el enseñar a los niños cuyos padres no pueden traerlos a la Escuela Dominical. Si cada persona con una familia se excusara a sí misma de todos los ministerios por la presencia de un esposo o niños, nuestras iglesias estarían totalmente cerradas. Este mito dice que porque tenemos un esposo y niños, estamos exentos de todos los otros ministerios. Sí, tenemos una responsabilidad hacia nuestro esposo y nuestros hijos, pero esa responsabilidad no es el final absoluto en el ministerio. De hecho, mientras cuidamos de nuestro esposo e hijos, podemos descubrir muchas nuevas vías para ministrar al traer a los niños de los vecinos, llevando panes a la oficina del esposo, y haciendo voluntariado en el aula de los hijos.

Tengamos cuidado de esta mentira. Alabo a Dios que mientras estaba expuesta a esta mentira y siendo tentada por ella, hablando de manera general, me escapé de sus garras. Agradezco a Dios que, creciendo en el campo misionero, vi la primacía del reino, y que todas las cosas, incluyendo la familia, tienen que ser sometidas a este primer llamado. Por favor no me malentienda. La obediencia a Cristo en el ámbito de la familia es primordial a causa de la cercana proximidad de los miembros de nuestra familia, pero no porque algo acerca de la unidad familiar en sí misma le haya ganado al evangelio. La unidad familiar no lleva ningún valor especial en el ministerio, y ¡la adoración de la unidad familiar ciertamente no puede sustituir la adoración al Señor de los Señores!

Tenemos que siempre ser cuidadosos acerca de sustituir la adoración del Señor Jesús con cualquier otra cosa. Nosotros incluso podríamos sustituir adoración con la Adoración. ¡Con cuanta frecuencia hemos sido capturados por la armonía musical, el drama, o la sensación emocional cuando debimos haber estado enfocados con la mente y el corazón en la persona de Jesucristo y su Señor y Padre! Si se entiende bien, la adoración es una vida de obediencia a Cristo. No es un trastorno emocional o un estilo de vida disciplinado. La adoración es poner atención a la voz del Espíritu de Dios mientras Él nos instruye a obedecer a las Escrituras.

¡La unidad familiar no puede reemplazar, descalificar, desvincular, la obediencia al Señor!

Mentira # 3: Un Falso Sentido de Identidad, Gozo, y Seguridad

Esta mentira es algo que está relacionado con la mentira anterior. Sostiene que la identidad de una mujer, su gozo, y seguridad se encuentran en su esposo y sus hijos. Estas relaciones familiares son la fuente y el manantial para todo lo que ella es. La mujer, siguiendo esta mentira, cree que su marido y sus hijos son indispensables para su bienestar. Por lo general, sin darse cuenta, ella desarrolla una especie de ansiedad de que si su esposo o hijos la dejaran, entonces todo su propósito de existencia sería devorado con su partida.

Esto, por supuesto, no es el caso. Pero el maligno es sutil. Él toma el amor natural de una madre para con su niño, y la dedicación natural de una mujer hacia a su marido, y los tuerce más allá de toda medida. Mujeres atrapadas en esta mentira, ya sea consciente o inconscientemente, se encuentran realizando el rol de esposa y madre por miedo a perder la relación. En lugar de hacer los deberes como un acto de adoración (obediencia) al Señor, ellas están revoloteando de aquí para allá, impulsadas por el temor a la pérdida.

En mi caso, yo tuve una identidad con base de roca fundada en el amor de Cristo. Mientras mis hijos crecieron y atravesamos la separación natural, me encontré a mí misma un poco "perdida". Tomó algún tiempo para darme cuenta de que no importaban las decisiones que ellos tomaran por su propia voluntad, no importaba cuánto atesoraron o fallaron en atesorar mi amor, no es necesario estar aturdida. Mi identidad estaba enraizada, mi gozo era seguro, y mi seguridad era inmovible, no por causa de ellos, no debido a mi esposo, no debido a mi propia persona, pero debido a Cristo y debido a quién Él se ha prometido a sí mismo que es para sus hijos. Él es mi todo en todo. Él es mi refugio, mi roca, y mi fortaleza. Él solo es gozo abundante, no importa cuales son las circunstancias de mi vida. Él es el único que me trajo a la existencia y quien me sostiene en Él mismo.

¡Recibimos gran libertad cuando rompemos con esta mentira! Nuestros esposos e hijos son importantes para nosotros, pero ellos no son fundamentalmente importantes. Ellos tienen la libertad de tomar malas decisiones, de acuerdo a sus propias elecciones. Y aunque nos trae tristeza ver el sufrimiento inevitable que les vendrá con estas decisiones, todavía eso no debe perturbar la esencia de quienes somos.

Mentira # 4: Una Metodología de Lista de Comprobación que "Garantiza" Resultados Positivos

Con el auge de la psicología popular y la consejería "bíblica" en los años 1970 y 1980, se produjo una mentalidad de "lista de comprobación". Esta mentira afirma que si lo hago todo "bien", entonces el resultado será lo que yo deseo. Hay dos problemas escondidos aquí:

Primero, ¿cómo definimos "resultados positivos"? Estos son frecuentemente agendas egoístas. Por ejemplo, si estamos hablando de la crianza de los hijos y queremos tener "buenos chicos", ¿qué significa eso? La mayoría de veces esto significa hijos que no nos den problemas. Hijos que no son una carga innecesaria para nosotros. Son capaces de realizar bien sus propias responsabilidades, mejorar nuestra reputación, económicamente estables, y la manera en que tratan a sus propios hijos es como un cumplido para nosotros. Un niño problemático sería así: siempre necesita de alguien que lo cuide, va a Disneyland cuatro veces al año, pide ayuda económica, no puede mantenerse estable en el mercado laboral ni siquiera por un corto período de tiempo. En un caso extremo, este hijo podría estar usando drogas periódicamente, podría padecer de lo que se conoce como alcoholismo funcional, una ocasional pelea conyugal fuera de control sería escondida bajo la alfombra. Generalmente estos no son fracasos descalificables como la adicción a drogas o alcoholismo flagrante, pero están en el límite cuestionable. Mi punto es que, en esta mentira, un niño exitoso no es definido como uno que se abandona a sí mismo en una vida de obediencia hacia el

Señor Jesús. De hecho, muchos buenos padres cristianos siguiendo la mentira de la "lista de comprobación" prefieren que sus hijos no se abandonen completamente al Señor. Ellos no están comprometidos totalmente con este sistema, y ellos no están seguros de que quieran que sus hijos se comprometan con ese sistema. Esta mentalidad de lista de comprobación miente acerca de la definición de un niño bíblicamente exitoso.

Segundo, ¿de dónde sacamos los elementos de la lista de comprobación? Frecuentemente tomamos un verso de aquí y otro allá sin ninguna consideración por el contexto, o sin alguna consideración del "completo consejo de Dios". Déjame darte un ejemplo que era muy común en los años 70. ¿Alguna vez has oído este versículo de Proverbios, "Instruye al niño en su camino, y aun cuando fuere viejo no se apartará de él"? A menos que seas un cristiano recién nacido, imagino que has oído mil y un sermones sobre este versículo en particular. Hay ligeras variaciones según su interpretación. Básicamente la idea es esta: Dale a los niños una buena crianza, y ellos van a seguir esa educación cuando ellos sean adultos. Pero yo quiero dejar por sentado antes una seria consideración. Primero, este versículo es un proverbio. Un proverbio significa que es un dicho que expone una situación que sucede con más frecuencia que lo opuesto. Pero frecuentemente si buscas lo suficiente, encontrarás otro proverbio que dice casi exactamente lo contrario.

Porque me gusta hacer colchas, yo he coleccionado algunos proverbios para colchas. Considere dos proverbios. "Una puntada a tiempo ahorra nueve". Esto significa que si tú no te ocupas de un rasgón rápidamente, después tendrás que hacer el mismo trabajo nueve veces más. El proverbio opuesto para ése es, "la prisa genera malgasto". ¿Cómo estos dos proverbios pueden ser ciertos todo el tiempo? La respuesta es que, como proverbios, ellos no pueden ser ciertos todas las veces. En algún momento siéntate con tu Biblia y revisa los proverbios del "hijo que es un necio" y tu encontrarás un patrón. Un hijo que es un necio resistirá la enseñanza de la madre sabia y traerá vergüenza no solo a sí mismo sino también a sus padres y a todo lo que está asociado con él. Los proverbios son claros en su consejo de mantenerse lejos de los necios, y necios son aquellos quienes resisten la instrucción. Ahora compare el verso, "Instruye al niño en su camino, y aun cuando fuere viejo no se apartará de él". Compare ese verso con todos los versos que hablan del hijo necio. Te darás cuenta que estos proverbios han omitido un ingrediente muy importante. ¿Puede adivinar cuál es ese ingrediente? Es el libre albedrío del niño. ¿Cómo puede uno entrenar el albedrío o la voluntad de un niño? Ciertamente yo no soy una experta en esto. Entrenamiento temporal puede ser obtenido hasta cierto grado a través del incentivo y el castigo. Si tú le das a ellos bastante cosas que les gustan, y tú les amenazas suficientes veces con cosas que no les gustan, entonces talvez su voluntad pueda ser formada para acomodar lo que es bueno, correcto y deseable. La realidad es que, en la mayoría de casos, cuando los padres no son capaces de darles suficientes incentivos o castigos, el niño se cansa del juego y va por el mundo haciendo cualquier cosa que le venga en gana. Los padres se quedan retorciéndose las manos preguntándose, "¿Qué pasó con la lista de comprobación?" La verdad es que la voluntad del hijo solo puede ser gobernada por la sumisión al Espíritu Santo.

Mentira # 5: No Hay Realmente Una Clase Fija de Gente Llamada "Mi Familia Cristiana"

En la última década, la definición de familia ha sido muy discutida. Esta discusión ha sido encabezada por el movimiento de los derechos de los homosexuales, y por su esfuerzo para ganar los derechos y privilegios que han sido reservados para el contexto de familias tradicionales. Pero me gustaría llevar eso a un diferente nivel. La definición de familia necesita ser discutida dentro de la iglesia. Jesús tiene mucho que decir acerca de la familia. Lo que Él dijo ha dividido a muchas familias. Me gustaría intentar ir directamente al grano de esta discusión. Inicialmente, la familia estaba definida como relaciones determinadas por el ADN. Con la agenda de los derechos de los homosexuales y con los recurrentes divorcios y nuevos matrimonios, la familia se redefinió como cualquier relación determinada por elección. Incluso hemos ampliado eso para decir que nuestras asociaciones corporativas, nuestras asociaciones bancarias, y nuestras afiliaciones deportivas son también parte de nuestra familia.

Hace dos mil años, Jesús vino a la escena con su definición de la familia. Su definición es basada sobre el ADN espiritual. Cualquiera que escucha al Padre y obedece al Padre es parte de la familia. Esta es una definición estrecha y difícil. No somos libres de llamarnos a nosotros familia con solo pegarnos una etiqueta a nosotros mismos titulada "Cristiano". Más bien, tenemos que observarnos unos a otros y hacernos dos preguntas: "¿Está esa persona escuchando al Padre?" y "¿Está esa persona obedeciendo al Padre?" Por supuesto, nadie es perfecto, pero es generalmente fácil reconocer cuando el corazón y el cuerpo de una persona pertenecen a Dios. Surge un problema obvio. A nuestra familia por ADN no le gusta ser excluida de la familia de Cristo. Esto se convierte en un punto de contención. Pero Jesús fue claro en el tema. La persona que oye al Padre y obedece al Padre es la que pertenece a la familia espiritual de Jesús. Solamente su familia estará alrededor de su mesa en el cielo.

Esto tiene grandes consecuencias prácticas. Por ejemplo, ¿gastamos los feriados con nuestra familia de sangre o con nuestra familia espiritual? Por supuesto que el problema está fácilmente resuelto si nuestra familia de sangre y familia espiritual es una y la misma, pero esto no es con frecuencia el caso. Echemos un vistazo a la celebración de la Semana santa. Para aquellos en la familia de Cristo, la Pascua tiene un significado fantástico; es la piedra angular de nuestra fe. Y queremos celebrar esa verdad lo máximo posible. Pero para nuestra familia de ADN, la Pascua puede significar la búsqueda de huevos y la caza del conejo de la Pascua. Es fácil ver la brecha entre estas dos familias. Otro tema práctico tiene que ver con la herencia. Si los hijos llegan a la madurez como parte de la familia por ADN pero no por parte de la familia cristiana, entonces tenemos un problema serio a considerar. Mira, dentro de cada familia, dentro de cada familia de sangre y familia cristiana, hay derechos de herencia. Nuestro derecho civil se basa sobre el legítimo derecho de la herencia de sangre para conseguir la heredad. Una familia cristiana, difícilmente es reconocida en las cortes públicas, tiene diferentes prioridades y diferentes metas para su herencia. Una pareja cristiana desea que su herencia vaya a los hijos de raíz cristiana, la cual es determinada no en base al ADN humano sino en base a lo que Cristo dijo: "Ellos conocen al Padre y hacen lo que el Padre dice". Se ha dicho que la mayor cantidad de propie-

La Historia de Mi Vida

dades en el mundo están pasando de manos de una generación a otra con los Baby Boomers (generación nacida entre años 1943-1964). Me estremezco al pensar cuanto de la herencia está saliendo de las manos de familias cristianas tal como Cristo las definió y yendo a las manos de los no creyentes. Yo he sido bendecida con una maravillosa familia biológica. Retrocediendo muchas generaciones, hay buenos hombres y mujeres que escucharon al Padre y le obedecieron tanto como yo puedo contarles. Pero como en todas las familias de sangre, están aquellos que son cuestionables en ese aspecto. Si seguimos la amonestación de Cristo de vivir de acuerdo a nuestra familia cristiana, debemos considerar mucho más cuidadosamente ¿cómo estamos distribuyendo nuestra herencia y en quién la estamos invirtiendo? Dios ha cambiado mi opinión al respecto, y yo he considerado su amonestación a través del Nuevo Testamento.

La palabra "cristiano" significa muy poco el día de hoy. En realidad, una iglesia está conformada por tres grupos de gente: 1) Aquellos que están dando lo mejor de sí siguiendo a Dios en obediencia a Su voz, 2) aquellos que están jugando con Dios pretendiendo a ser obedientes pero que realmente están haciendo lo suyo, y 3) aquellos que no son creyentes, y no les importa nada acerca de la obediencia al Padre. En mi caso, alabo a Dios que en los últimos veinticinco años Él ha clarificado mi visión en torno a mi identidad familiar. Yo no pretendo tenerlo todo resuelto, pero le alabo por haberme dado una medida de entendimiento en ese sentido. Cuando he hablado sobre este tema, a veces ha habido hostilidad y miedo, como si yo estuviese tratando de incomodar a los demás. Te aseguro que yo no estoy interesada en alterar nada. Simplemente estoy interesada en tratar de oír y obedecer la voz del Padre en este asunto.

En este capítulo he tratado de enfatizar algunas de las mentiras que me han hecho tambalear durante los últimos cincuenta años. El padre de la mentira está siempre interesado en sustituir la verdad con verdades a medias y "buenas" ideas. En nuestro entusiasmo por vivir de la manera correcta, frecuentemente fallamos en observar la diferencia entre las verdades a medias y esas buenas ideas con la real enseñanza de la Escrituras. Se necesita valor para abandonarnos a nosotros mismos a las enseñanzas de las Escrituras. Pero solamente en ese abandono está la capacidad de construir nuestra casa sobre la roca.

Mi oración al escribir este capítulo es que el Espíritu pueda impulsarte a considerar si existen mentiras o verdades a medias que han impregnado tu forma de pensar. Que nuestro Señor pueda mantenernos puros como sus siervos quienes disciernen lo que es bueno y verdadero, y quienes se atreven a seguirle obedientemente, aun en áreas que van contra nuestra cultura.

10 Los Últimos Años

El Diagnóstico

Hay un libro llamado Lee, Sus Últimos Años. Es parcialmente una biografía sobre la vida del General Robert E.Lee luego de la gran y terrible Guerra Civil de EE.UU. Este hombre repentinamente se encontró a sí mismo sin ninguna ocupación, y mucho más pobre que un ratoncito de iglesia. El trató de ser agricultor inicialmente, pero esa no era su habilidad. Luego fue invitado a la Universidad de Washington para que se presente y sea el Presidente. El declaró que los siguientes cinco años serían los más productivos de toda su vida.

De alguna manera podría decir lo mismo sobre estos últimos cuatro años de mi vida. En agosto del 2009, luego de casi ningún síntoma, fui diagnosticada con un agresivo cáncer uterino. En la providencia de Dios, debido al ministro en Etiopía y el horario de la oficina médica, tomó varios meses antes de que este diagnóstico fuese confirmado. Me sentía bien. Me sentía llena de energía. Estaba contenta con el trabajo que Dios había puesto en mis manos en Etiopía. Yo escribía artículos para el blog. Estaba mentoreando a jóvenes mujeres. Estaba involucrada en una iglesia que estaba creciendo espiritualmente en obediencia, y era emocionante ser parte de un rebaño vibrante bajo un buen liderazgo pastoral. Nosotros también teníamos una buena relación con los estudiantes de Dave, muchos de los cuales venían a la hacienda de tiempo en tiempo.

Cada aspecto de mi vida se veía bien. El diagnóstico de la ginecóloga parecía surreal. Yo sabía lo que el diagnóstico significaba, y yo sabía cómo sería mi vida en los siguientes años. Yo sabía que tendría que enfrentar la cirugía, quimioterapia, radiación, más quimioterapia, más radiación, y las consecuencias de todo ese tratamiento. Yo sabía que la náusea, la fatiga y el dolor se volverían mis compañeros constantes. Y yo sabía que el departamento de oncología ginecológica en la Universidad de Carolina del Norte (UNC) usurparía mi calendario.

Ahora todo se revolvía alrededor de lo que se necesitaba hacer. En el momento de mi diagnóstico, Dave se estaba recuperando de un ataque de malaria que había adquirido en Etiopia. Él estaba en el hospital por una semana con dolores de cabeza horrendos. Incluso después de ser dado de alta él sufría enormemente. Felizmente él fue tratado agresivamente y nunca tuvo una secuela de eso. Yo manejé a la cita con el doctor para oír los resultados de la biopsia mientras que él se quedaba en casa y descansaba. Así que escuché las palabras, "Carcinoma de célula serosa, alto grado" ¡sola! Mi calmada reacción a este diagnóstico solo puede ser descrita como supernatural. Yo era una enfermera. Yo sabía el posible resultado final. Yo fui a casa escuchando a la radio BBN, y el versículo para memorizar esa semana era Salmos 95:1: "Venid, aclamemos alegremente a Jehová; Cantemos con júbilo a la roca de nuestra salvación".

Mientras consideraba mi situación en la hora de regreso, mi mente se centró en dos asuntos. Enfrentaría a todo este desafío de acuerdo a la verdad y la transparencia. Toda la verdad, no solo la verdad médica pero la espiritual también, serían mis acompañantes. Sería transparente con cualquiera sobre la situación. Sin la verdad, la información necesaria para navegar las situaciones más difíciles, sería inadecuada. Sin la transparencia, mi situación no sería de beneficio a otros. Puesto francamente, yo no quería desperdiciar este horrible diagnóstico. Yo quería el máximo beneficio espiritual, y la máxima productividad para el reino. Cuando llegué a casa, leí el resto de Salmos 95. El versículo 4 me impactó especialmente: "Porque en Su mano están las profundidades de la tierra, y las alturas de los montes son Suyas". Para mí, en aquel tiempo, la profundidad más grande era mi cáncer, y la verdad a la que debía apegarme era que Él realmente gobernaba sobre mi cáncer.

Para mi tipo de cáncer, los científicos médicos habían determinado nueve condiciones predisponentes. Yo no tenía ni una sola. Aparte de mi tía y mi abuelo quienes habían sido fumadores compulsivos toda su vida, quienes murieron de cáncer de pulmón, no había rastro de cáncer en mi familia. Teníamos una larga longevidad en mi familia. Vivir hasta los 90 y hasta los 100 no era raro. El ser atacada con un cáncer agresivo a la edad de cincuenta y seis había tenido que ser una cosa de Dios en esta circunstancia.

Mi querido esposo estaba echado en el sofá, leyendo, cuando regresé a casa de la oficina del doctor. Él todavía estaba con un dolor de cabeza. Él me preguntó cómo fue todo, y cuando le dije que tenía cáncer uterino, él no lo captó. Tuve que decirle dos o tres veces hasta que entendió la respuesta a su pregunta.

Siguiendo adelante

Por muchos días estuvimos los dos en shock, pero luego empezamos a recobrar el espíritu. La primera cosa que se debía hacer era confirmar nuestro método de ser transparentes y sinceros. Escribí mi primer artículo el 9 de Agosto del 2009. En este artículo yo expliqué, en lo mejor de mi habilidad, qué tipo de cáncer era este y el pobre pronóstico que tiene. La mayoría de cáncer uterinos son fácilmente curados. Nosotros nos referimos a estos como la "variedad de jardín". Una simple histerectomía es normalmente todo lo que se necesita porque crecen lentamente. Pero mi tipo de cáncer fue inmediatamente presumido que sería etapa III hasta que se pruebe lo contrario. (Etapa III significa que el cáncer ha crecido más allá de los órganos primarios y se ha esparcido localmente, a otros órganos, o a los ganglios linfáticos).

Es interesante notar que dos exámenes pélvicos y ultrasonido todos por diferentes doctores no mostraron nada. Solo fue la biopsia que mostró a las células cancerígenas. Con la biopsia en mano, hicimos un TAC cerebral (tomografía computarizada) y no mostró ninguna expansión fuera del útero. Así que coordinamos la fecha para la cirugía tan pronto como sea posible para remover los ovarios, útero, y otras estructuras. Durante la cirugía ellos removieron varios ganglios linfáticos por si acaso. Varios de estos ganglios resultaron positivos, especialmente en el lado derecho. La cirugía fue planeada tan pronto como era posible usando instrumentos robóticos.

La semana que tuve la cirugía era la misma semana en que los medios destacaron al presidente Obama siendo introducido a una nueva tecnología robótica en un hospital importante. Seis semanas luego de mi cirugía, empecé el tratamiento estándar para quimioterapia con Taxol y Carboplatino. Para mi tipo de cáncer había un 40% de tasa de respuesta. Esta tasa significaba que el cáncer era retrasado, detenido, o reducido. Mi primera ronda de quimio realmente me noqueó. Tuve la quimio y me quedé toda la noche para observación y luego se me envió a casa. En la segunda noche, alrededor de las 2 a.m., me desperté con la sensación de que era un esqueleto volando en la brisa. Podía sentir cada uno de mis adoloridos huesos. Ese día manejamos al salón de emergencias quejándome de dolor severo. Me dieron dos dosis de morfina, 10 mg, pero no dio efecto. Luego me dieron dos dosis de Dilaudid, 1mg, y el dolor se me vino de un 14 a un 5 (en una escala del 1-10, siendo 10 el peor tipo de dolor).

¡Cuán agradecida yo estaba al Señor por el medicamento al dolor que sí funcionaba! En los siguientes tratamientos de quimio, se me dio grandes dosis de esteroides para combatir el dolor de los huesos. Le alabo a Dios de que ningún tratamiento subsecuente fue peor que el primero. Fue mi llamada de atención a los efectos secundarios de la quimio. Tuve nueve tratamientos de quimioterapia (tres ciclos), y de ahí se me movió al departamento de radiaciones. Aquí se me había dado una rociada de radiación a mis ganglios linfáticos, en el área de la ingle, y en el abdomen. La lógica detrás de esto era que tal vez no todo el cáncer había sido removido de los ganglios linfáticos. Si pudiésemos destruir el cáncer en los ganglios linfáticos esto detendría la difusión del cáncer. Así que tuve que seguir la rutina de tener tatuajes puestos en mi vientre para los tratamientos de radiación. Ellos también hicieron unos tratamientos de radiación interna de alta densidad para la región uterina y cervical. Eso fue realmente doloroso.

El invierno del 2009-2010 lo pasé en el departamento de radiaciones en UCN. Luego yo regresé a tener tratamientos de quimio semanales: más Taxol con su acompañante dolor de hueso. Le alabo al Señor de que, aparte del dolor de hueso y la inflamación a causa de los esteroides, tuve pocos efectos secundarios.

Una cosa que le prometí al Señor era que seguiría adelante con nuestro trabajo en Etiopía. No quería cancelar ningún ministerio allí solo porque no me estuviese sintiendo bien. Se volvió un serio asunto de fe entre el Señor y yo el poder cumplir esa promesa. Recuerdo una vez haber hablado en una pequeña iglesia cerca de Hillsborough, Carolina del Norte. Yo estaba tan mareada y descolorida de la quimio que a las justas podía pararme. Pero Dios me permitió hablar sobre el trabajo en Etiopía, y pasar tiempo en comunión con los creyentes, y el manejar dos horas a casa. Esa pequeña iglesia falló en actuar en cualquier cosa que presentamos, pero me regocijo de que por Su poder yo fui capaz de ser fiel en la misión.

Nuestra familia en Etiopía no me había visto desde mi diagnóstico. Sentimos que ellos necesitaban ver mi rostro, y que nosotros necesitábamos ver sus rostros. En Marzo del 2010, Dave y yo hicimos un pequeño viaje de dos semanas a Burji y Alaba. Mientras nos presentábamos en las iglesias, nuestro mensaje permanecía igual: Debes ser fiel al Señor en cualquier circunstancia que Él trae a tu vida.

Asumo que habían alrededor de 3 – 4 mil personas allí. Yo espero que estas personas entendieron el mensaje que es tan crítico en Etiopía y en los Estados Unidos. El mensaje es que el éxito está determinado por la fidelidad; debemos permanecer fieles a Él. Él nos salvó y Él vive por nosotros. Debemos ser fieles hasta el final. A donde sea que iba, yo decía que no oraba por sanidad. Yo oraba por fidelidad. Yo oraba por fortaleza para que permanezca fiel. Supongo que la mayoría de las personas querían ser sanadas, pero yo creía que la fidelidad era mucho más importante que la sanidad. Yo quería vivir en victoria del Espíritu. Esto me era mucho más importante que recuperar mi salud.

Un Cambio de Tratamiento

Luego de nuestro retorno a Etiopía en Marzo del 2010, nosotros completamos los tratamientos de quimio y el TAC cerebral. El TAC mostró manchas en mis pulmones por la primera vez. Nosotros procedimos a hacer una examinación TEP (Tomografía por Emisión de Positrones), lo cual nos mostraría si estas nuevas manchas eran cancerígenas. Yo recibí los resultados de esa examinación justo horas antes de partir a Etiopía con el equipo más grande que habíamos llevado. Todos juntos, teníamos un total de veinticuatro personas confirmadas a venir a Etiopía en Julio del 2010. Le pregunté a Dios por fuerza supernatural para poder hacer todo lo necesario para este equipo de personas. Estábamos instalando una clínica médica rural, estableciendo unos altavoces que funcionan con energía solar en cinco de las iglesias rurales, yo implementaba un programa de enseñanza Bíblica con reproductores manuales de sonido que funcionaban con energía solar, y estábamos distribuyendo Biblias y lentes. Era la primera vez que teníamos una familia completa en nuestro equipo, incluyendo a un niño de siete años. Pero el Señor me ayudó a "guardar todas estas cosas en mi corazón" con respecto a los resultados del examen TEP. No fue hasta que regresamos de Etiopía que compartimos lo que Dave y yo estábamos enfrentando. El cáncer se había desplazado más allá de los ganglios linfáticos y ahora estaba en ambos pulmones. En Agosto del 2010, nos cambiamos al siguiente tratamiento de quimio más efectivo, la Adriamicina. El efecto secundario más marcado era el daño cardiaco. Hicimos un ecocardiograma previo al tratamiento. Mi fracción de eyección (FE) era un fuerte 75%. Un año después del tratamiento de Adriamicina, repetimos el examen, y mi FE había caído a un 55%.

Al final de mi viaje a Etiopia experimentamos un tipo de trauma. Yo traía de vuelta a los EE.UU. todo el dinero Etíope que había quedado, sabiendo que otras personas estarían regresando después para continuar el ministerio. Yo desconocía que Etiopía había establecido una nueva regla de que nadie podía dejar el país con más que el equivalente de $15 USD. Además, esta ley no se había divulgado públicamente de alguna forma. No habían señales en el aeropuerto, ninguna noticia en las páginas web Etíopes, y ninguna notificación del Departamento Estatal de EE.UU para Etiopía. Por una variedad de razones, nosotros teníamos una cantidad inusualmente alta de moneda nacional con nosotros. A pesar de que no era mi propia culpa, fui arrestada por "contrabando de dinero", y fui transportada de un oficial de gobierno a otro por veinticuatro horas. Finalmente se me dijo que se me mantendría en la cárcel hasta que se lleve a cabo un juicio. Le supliqué al juez de que me permitiera regresar a casa para continuar con mi tratamiento de quimio. Él requirió una carta de mi doctor afirmando que yo tenía cáncer. Por supuesto yo no había anticipado esta situación y no tenía alguna carta. Le referí a los quince o veinte líderes de la iglesia que estaban parados afuera de la corte y que podían dar testimonio. Le ofrecí mostrarle las cicatrices en mi estómago. Le ofrecí mostrarle que mi cabello era una peluca. Así que me paré ahí en la gloria de mi cabeza calva.

La Historia de Mi Vida 145

Luego él escribió algo en un pedazo de papel y cambió lo que decía a ingles por la primera vez. Él dijo, "Le permitiré regresar libre bajo fianza si usted paga una cuota de $500, y le daré de vuelta su pasaporte". Nosotros nos sentimos mucho más aliviados con esta decisión. Mientras dejábamos la corte, yo estaba exhausta físicamente y emocionalmente. Le pregunté a Dave, "¿Cuenta esto como persecución?" Él dijo, "Bueno, incluso si no lo fuera, ¡definitivamente califica de sobrellevar las dificultades como buen soldado de Jesucristo!" A menudo tuve que recordarme de esas palabras para evitar llorar de la fatiga. Aun así, sentí que una calma interior durante todo ese incidente. Al salir y unirme a los líderes de la iglesia, los policías se acercaron y les dijeron a los líderes, "Sabemos que es lo que han planeado por ella. Les recomiendo salir del país y no volver más". Así que Dave me regresó en avión a los EE.UU. en primera clase. Esa fue la primera vez que tuvimos que pagar por un pasaje de primera clase. El costo de ese viaje en Julio del 2010 resultó en más de $5000, lo cual era un gasto personal, puesto que siempre hemos pagado por nuestros propios pasajes al igual que por nuestros gastos administrativos. En el vuelo regreso a casa, sentada en primera clase, pasaporte en la mano, no me sentí verdaderamente libre hasta que dejamos el espacio aéreo de Etiopía. Dave se quedó en Etiopía para continuar la segunda fase de nuestro ministerio. El decir que esto fue difícil para él es una gran subestimación. Pero nosotros podemos ver la gracia y misericordia de Dios al proteger su trabajo en que el arresto me sucedió a mí y no a él. Regresamos de este viaje para resumir los tratamientos de quimio y para dar amparo a una familia del ministerio que estaba experimentando gran dificultad.

Le alabo al Dios de que los efectos secundarios fueron mínimos con la Adriamicina. Yo solo tuve inflamación de los esteroides y fatiga, pero no nauseas o dolor de huesos. Sin embargo, ahora nos enfrentábamos a un nuevo desafío. Como en cualquier quimio, la Adriamicina atacaba las células del hueso, así que tuve que constantemente monitorear mis plaquetas blancas. Sino la cuenta bajaría casi hasta no tener plaquetas blancas. Esto me puso en grave peligro de contraer alguna infección. Dos veces durante el otoño del 2010, estuve hospitalizada con Neutropenia severa y fui asignada inyecciones especiales para estimular al hueso y también en aislamiento reverso para prevenir la transferencia accidental de enfermedades de mis visitantes o del personal del hospital. Estas infecciones causaban dolor de huesos similares al primer tratamiento, aunque no eran tan severas.

En enero del 2011, se hizo aparente que la Adriamicina ya no ayudaba a mantener el cáncer fuera de mi organismo, así que dejé de tomarla. En ese momento, ya estaba cansada de los tratamientos. Tomamos unas pocas semanas de descanso, y luego empecé un tratamiento llamado "biológico". Esto significa que en vez de tratar de matar al cáncer que causa cambios en el cuerpo; matar el cáncer es un asunto secundario. El tratamiento biológico en el que me sometí se llamaba Bevacizumab. A diferencia de los fármacos de la quimio, Bevacizumab trataba de cerrar los vasos sanguíneos que se dirigían a áreas de rápido crecimiento. Puesto que el cáncer es un área de rápido crecimiento, Bevacizumab impediría al cuerpo de proveer los vasos sanguíneos necesitados alrededor del cáncer. Era un tratamiento más gentil sin los usuales efectos secundarios de la fatiga.

En la primavera añadimos un tratamiento de quimio llamado Gemcitabina. Este no era un fármaco verificado del que podíamos escoger. Pero empezamos a usarlo, y de manera asombrosa conseguimos los mejores resultados hasta ese momento. Luego en la primavera del 2011, comencé a tener uno de los mejores resultados que había tenido en el examen TAC cerebral. El año 2011 fue esencialmente inclasificable: tratamiento de quimio, tratamiento de quimio, tratamiento de quimio, descanso, tratamiento de quimio, tratamiento de quimio, tratamiento de quimio, descanso, tratamiento de quimio, tratamiento de quimio, tratamiento de quimio, descanso. En enero del 2012, nosotros no teníamos ni idea del tornado con el que íbamos a encontrarnos. Había llegado a pensar (de broma) que este quimio y yo iríamos juntos hacia el atardecer. Nada de alguna significancia parecía estar pasando de alguna manera u otra.

Temiendo lo Peor

En Julio del 2012, mi esposo llevó a un equipo de personas a Etiopía. A pesar de que me quede atrás, yo estaba intricadamente involucrada en la logística, los arreglos, y las orientaciones. Creo que diecisiete personas estaban en ese equipo, y todos fueron a Alaba. Era el equipo más grande que hubiese venido a Alaba, y realmente remeció las aguas en esa área de Etiopía. Uno de los principales peligros de Adriamicina no solo es la perdida de la función cardiaca pero también la posibilidad de un derrame cerebral o un coágulo de sangre. Por esta razón, Dave le pidió a mi madre que se quedara conmigo todo el tiempo mientras el equipo estaba en Etiopía. A pesar de que tuvimos un hermoso tiempo juntas, sentí que estaba siendo cuidada como una bebé. Yo podía entender las intenciones de Dave. Para él, esto era buena mayordomía. Habíamos revisado las señales y síntomas de los derrames cerebrales y coágulos de sangre. Dibujamos un mapa de como llevarme a la sala de emergencia más cercana, y de ahí simplemente disfrutamos de nuestra presencia día a día.

Durante este tiempo, las preparaciones para Cresta de Arce estaban en su punto máximo. Cresta de Arce es una hacienda la cual estábamos renovando y preparando para el Reino de Dios, como refugio para aquellos en el ministerio. Estábamos convirtiéndola en una casa en la cual una familia de hasta seis niños podría ocupar. Tendría un patio encercado, una cocina nueva, y estaría funcionando completamente y proveería ropa de cama y muebles. Así que durante este tiempo yo estaba a cargo de pintar todo lo necesario en Cresta de Arce. Nuestro contratista, Robbie Dunn, estaba organizando el trabajo y haciendo todo el equipo exterior, aire acondicionado, la electricidad, etc. Fue realmente un tiempo divertido en mi vida.

Dave volvió de Etiopía, y mi mamá regresó a Dallas. Cinco días después me levanté a las dos de la mañana. Yo había decidido leer mis correos electrónicos, puesto que no los había revisado en todo el día. Estaba frustrada de que mi mano derecha no se podía mantener sobre el teclado. Caminé hacia el lavadero de la cocina para tomar un vaso de agua, pensando que me había dormido sobre brazo y tenía que pasar un poco de tiempo a que reaccionara. Mientras que iba a llenar el vaso con agua, el vaso se me cayó. Ahora es que comencé a ver unas "luces rojas" en mi cerebro. Al poner el vidrio roto en el basurero, giré y me caí, golpeando mi cabeza en el lavador de platos. Ahora sabía con seguridad de que era una víctima de derrame cerebral. La pregunta era como despertar a todos en la casa. Sentada en el piso de la cocina, esperaba a escuchar si alguien había oído el golpe, pero nadie vino. Entonces me levanté a mí misma y caminé hacia el corredor que iba a mi cuarto. Empujé la puerta de mi cuarto, prendí la luz, y grité, "¡Ayúdame!" Ahí supe que era un derrame cerebral puesto que lo que dije sonaba incomprensible.

Habíamos hecho simulacros de derrame cerebral, y Dave inmediatamente supo que esto correspondía a esa situación. Entramos al carro, mientras que el manejaba a la sala de emergencias para el tratamiento usual de derrame cerebral. Mi TAC cerebral salió negativo para cáncer metástasis pero era positivo para derrame cerebral. Estuve en el hospital un par de días y luego fui despachada. En aquel tiempo yo estaba luchando con el Señor. Le suplicaba, "¡Por favor no te lleves mi habilidad para comunicarme! ¿Cómo puedo comunicar el Evangelio, cómo puedo continuar el trabajo en Etiopía si no puedo comunicarme verbalmente o por escrito? No paso mucho tiempo hasta que todas mis facultades retornaron a lo normal. ¡Mi hablar era claro, mi caminar era firme, mi mano tecle adora estaba estable! Estábamos alabando al Señor por estas razones. El neurólogo dijo, "Si tú tuvieses que tener un derrame cerebral, este es el lugar más seguro para uno". El apuntó al MRI y podíamos ver una gran mancha blanca llena de tejido cerebral muerto. Mi madre casi se desmaya cuando ella se dio cuenta que si esto hubiese pasado solo una semana atrás, ella hubiese tenido que lidiar con esta situación solamente sola. Los planes de Dios son siempre perfectos, desde que Él me levantó a revisar mis correos electrónicos, cuando trajo a Dave de Etiopía, hasta el lugar perfecto del ataque.

Eso fue en agosto del 2012. La vida regresó a lo normal: tratamiento de quimio, tratamiento de quimio, tratamiento de quimio, descanso, tratamiento de quimio, tratamiento de quimio, tratamiento de quimio, descanso, excepto ahora mi cuerpo estaba evidentemente volviéndose mucho más fatigado y estresado por los tratamientos. Luego del derrame nosotros dejamos de usar Bevacizumab, puesto que era la causa más probable del derrame, pero continuamos con Gemcitabina. De todos los tratamientos de quimio, parecía que Gemcitabina era el más ligero. Sin embargo, el 22 de octubre del 2012, me levante rápidamente a las 5 a.m. con el dolor más insoportable que haya tenido alguna vez, en mi abdomen inferior izquierdo. El dolor viajaba alrededor de todo mi abdomen y se empozaba en un área general en medio de este. Yo estaba sola en la hacienda. Dave y Nigusse estaban pasando las noches del martes y miércoles en el Seminario del Sureste. Yo sabía que tenía un problema agudo, y que las cosas andaban serias. Primero, hice algunas pruebas de choque y supe que algo se había roto pero no sabía qué. Si mi bazo o mi hígado se habían rasgado, estaba en peligro de un choque y hemorragia masiva. Mis pruebas salían negativas, pero el dolor continuaba. Ahora sabía que tenía que llegar a la sala de emergencias.

El dilema era si debía llamar al 911 y esperar por la ambulancia o entrar en el carro y llevarme a mí misma, sabiendo que podía desmayarme. Me senté en la sala por cinco minutos preguntándole al Señor que me mostrara que opción tomar. Él indicó que yo podría ir por mí misma, así que hice eso. Luego de veinticinco minutos después me paré en la sala de emergencias y declaré, "Tengo un abdomen grave", y ellos me hicieron entrar e hicieron todo lo que se debía hacer de una manera ordenada y profesional. El TAC cerebral mostró aire libre, consistente con un abdomen rasgado, y una cirugía de laparotomía exploratoria era el tratamiento escogido. Justo un día antes había recibido una inyección al hueso para aumentar mis plaquetas blancas. Yo tenía una cuenta muy baja de plaquetas. Mi cuenta era alrededor de 50,000, lo cual era muy peligroso para la cirugía. Nosotros verificamos el banco de sangre en el hospital pero no había plaquetas congeladas disponibles, y serían tres horas hasta que pudiesen conseguirlas del hospital más cercano. Dave y Nigusse llegaron, y sentimos que la situación con las plaquetas era la manera en que Dios nos mostraba que debíamos ir a UNC. Yo estaba puesta en el carro de ambulancia, y una hora y media después estaba ya en UNC, donde inmediatamente empezaron las preparaciones para la cirugía.

Yo estaba en una situación peligrosa físicamente, pero tenía completa paz. Estaba tratando de usar cada minuto para las cosas que importaban, especialmente orando con Nigusse y organizando algunos documentos legales de último minuto. Por la providencia de Dios, el equipo quirúrgico ginecológico oncológico no podía encontrar donde estaba la fuga en mis intestinos. Por una hora ellos lo buscaron en la mesa quirúrgica, y luego ellos llamaron a un equipo general quirúrgico. Este equipo fue capaz de encontrar una ranura muy pequeña de 1mm en el duodeno. Me parcharon inmediatamente, y empezamos a buscar respuestas. Yo nunca había tenido una ulcera en mi vida y nunca había tenido síntomas de una ulcera antes de este evento. La conclusión fue que todos los esteroides que había estado tomando para que mi cuerpo no tuviese un choque anafiláctico en respuesta al Gemcitabina han debido dañar un segmento del forro del intestino al costado de mi estómago. Esa pequeña ranura de 1 mm abrió la puerta a una masiva infección de hongos que se extendió por todo mi cuerpo.

Mi catéter fue rápidamente removido y me pusieron medicación anti-hongos. Me habían dado plaquetas en la sala de emergencia.

Mi cuenta de plaquetas había subido de 30,000 a 70,000. La operación fue hecha con 70,000. Otra vez, por la provisión de Dios, me habían dado la inyección al hueso para incrementar mis plaquetas blancas. Por dos semanas y media yo estuve en el Centro Medico UNC sufriendo con esta masiva infección, y le alabo a Dios por ese tiempo. Mi cuarto se convirtió en un faro para ministerio espiritual. Persona tras persona me buscaban para discutir sus problemas y el rol del Señor Jesús en sus problemas. Yo he debido haber tenido 3 a 4 visitantes al día en grupos de 1 a 4. Con cada uno he debido haber tenido un sentido perspicaz de unción divina. Yo sentí que era la secretaria del Señor para estas personas, y el hospital nos proveía un agradable cuarto de reunión. Era un tiempo maravilloso. Luego de seis semanas tuve el siguiente chequeo a principios de Diciembre, y luego me hicieron un TAC cerebral. Mostraba que el cáncer estaba estable, pero en ese momento Dave y yo nos preguntábamos si el costo de la quimio se estaba volviendo demasiado alto.

Luego de dos semanas de esa visita después de la operación, la asistencia de salud me visitó. Le dije a ella, "Creo que tengo una TVP" (trombosis venosa profunda). Yo fui al hospital y tuve un dúplex venoso estándar, lo cual confirmó un gran coagulo de sangre detrás de la rodilla derecha. Nosotros hicimos el tratamiento usual de anticoagulantes, y me enviaron a casa con píldoras anticoagulantes llamadas Coumadin (veneno de rata). Sin embargo, yo no podía tolerar la náusea asociada con Coumadin. Así que deje de tomar Coumadin y empecé a tomar una enzima natural de las plantas de soya. Esta rutina trabajaba bien. Unos pocos meses después en la primavera del 2013, tuve otra doppler dúplex venosa que no mostraba algún coágulo de sangre. Habiendo ahora tenido tres grandes efectos secundarios a causa de la quimio (derrame, fisura de abdomen, y coagulo) con ningún mejoramiento en mi cáncer, Dave y yo sentimos que era tiempo de buscar otros tratamientos alternativos.

Tratamientos Alternativos

Especialmente en el principio del curso de mi cáncer, había sido invitada a unirme a estudios clínicos con potenciales tratamientos de quimio, usando mi enfermedad como una situación de investigación. Ninguno de nosotros estábamos inclinados a seguir esa dirección. Al pasar el tiempo, las restricciones de los estudios de quimio no me permitirían participar. Investigamos tratamientos alternativos. El mundo de tratamientos alternativos es vasto. Cientos de tratamientos y millones de combinaciones de tratamiento esperaban ser examinados. Yo dediqué un poco de tiempo a estudiar estas combinaciones, pidiéndole al Padre que nos dé sabiduría. Muchos de los componentes dietarios ya los había estado haciendo, tales como comer vegetales verdes, tomar agua alcalina, y tomando multi-vitaminas. Pero ¿qué otro tipo de tratamiento debería ser añadido?

El tratamiento de radiofrecuencia (RF) era el más lógico y el más razonable científicamente a mi parecer. Nosotros gastamos los $4,500 necesarios para conseguir nuestra propia máquina y empezamos los tratamientos en casa bajo el consejo y guía de expertos de RF y con la Fundación Internacional de Investigación de Cáncer (FIIC). Desde Enero hasta Marzo, yo me sentí absolutamente fantástica. Me sentí como si tuviese veinte años de edad. Yo no tenía dolor, tenía bastante energía y se sentía realmente sorprendente. El milagro de Dios que me había restaurado con la cirugía exploratoria del regazo todavía me estaba afectando emocionalmente como en una montaña rusa. Por la primera vez pensé que Dios talvez iba a sanarme. Así que aquí estaba yo. Había descontinuado la quimioterapia, no había una terapia de radiación disponible, y seguía comiendo una buena dieta, y estaba llena de energía al empezar el tratamiento RF. Empecé ese tratamiento a mitad de enero, y al principio de Mayo, luego de tres meses y medio, hicimos otro examen TAC cerebral. Este mostró como el cáncer había avanzado de mis pulmones, a mis ganglios linfáticos, y a mi columna. Decidimos continuar otra ronda de tratamiento alternativo y darle otra oportunidad de probar su eficacia. Desde el principio de mayo a junio, seguí el tratamiento intensivo de RF con buenas vitaminas y agua alcalina. Empezando en abril, noté un nuevo tipo de dolor en mi pulmón derecho y una pesadez de pecho, especialmente producido con actividad. En la mitad de junio, hablé brevemente en nuestra iglesia en una reunión de negocios promoviendo la idea de uno mismo solventar su viaje misionero de corto tiempo para que así el dinero pueda ser dado a aquellos que realmente lo necesitan que están esparcidos por el mundo. Yo casi no pude terminar ese discurso. Me sentí muy débil. Mi esposo se había ido el día anterior por una semana a enseñar en Pensilvania. Nigusse y yo regresamos a casa. Pero cuando traté de salir del carro, mis piernas no podían sostenerme. Inmediatamente entré al carro de nuevo y manejé a la sala de emergencias. Ellos trajeron una silla de ruedas para sostenerme y verificar mi saturación. Los resultados mostraban que había perdido el 40% de la función de mis pulmones. Había perdido el 73% de un pulmón. Tan pronto como me pusieron en oxígeno, me sentía como una nueva persona. Desde entonces he estado usando este oxígeno, entre 2-4 mm de velocidad de flujo. Dave vino a casa rápidamente. Este fue el inicio de esta última etapa.

El Principio del Fin

En la sala de emergencias, descubrieron que el derrame pleural en mi pecho había crecido y absorbía 1/3 de mi pecho. Al día siguiente fui a visitar al Dr. Witko, un neumólogo en Halifax. Él hizo una toracentesis. Él removió 1300 cc, lo cual era la máxima cantidad segura que se podía remover. Él estimó que 2000 cc permanecían en el pulmón (eso es alrededor de dos pequeñas jarras). Al discutirlo con mi oncólogo, nosotros programamos una visita a UNC en el tiempo de una semana para colocarme un drenaje para que así todo el líquido pudiera drenar continuamente. El Dr. Witko estimó que, después de drenar el líquido, le tomaría a mi cuerpo una semana para producir lo que él había removido. Sin embargo, solo después de tres días, yo tenía una severa dificultad para respi-

La Historia de Mi Vida 153

rar, y la mitad de mi pulmón estaba más que lleno. Esa tarde del jueves yo me sentí segura de que Dios me estaba llamando a casa. Casi no podía respirar. Solo podía mover el aire en el área superior de mi pecho, y a las justas podía caminar. Mis seis hijas vinieron a visitarme y me llevaron en caravana a UNC de emergencia para que me coloquen un drenaje pleural. Por dos meses y medio el Señor nos había bendecido con un buen servicio de ese drenaje, y luego tuvo que ser removido porque estaba irritando al área pleural y el dolor no se podía soportar. Oficialmente se me clasificó "NR" (No reanimar). Esto no significaba que el tratamiento fue descontinuado, pero si significó que si mi corazón o pulmones paraban de funcionar, no se tomarían medidas agresivas para reanimarme.

Mientras que escribo esto el 21 de Octubre del 2013, yo supongo que estoy en mis últimas semanas de vida. Tengo poca fuerza, casi nada de apetito, y estoy perdiendo peso continuamente. En los últimos once meses, he perdido 23 kilos. Estoy agradecida al Señor por todo el tipo de apoyo y las personas que Él me ha dado.

El Dr. Rick Godwin siempre está listo a ayudar, el Dr. James Witko (mi neumólogo) siempre está disponible, y la Dra. Paula Gehrig y su enfermera de oncología Shamikia ha permanecido fiel y diligente, sabiendo todo el tiempo de que este es un caso terminal.

Durante estas últimas semanas mi enfoque ha sido dictar mi biografía y crear documentos de trabajo para Cresta de Arce. Tenemos tantas personas que vienen a visitarme, y alabo al Señor por esa oportunidad de continuar a ministrar a otros incluso durante estos últimos días. Mi regreso a casa será celebrado por un servicio no enfocado en mí sino en Aquel quien me dio la vida. Estoy deleitada que varios de mis hijos, hijas, y un nieto, estén participando de este servicio. Es mi oración que mi muerte esté a la par con la de Sansón. ¿Recuerdas a Sansón en el Antiguo Testamento? Él era un profeta de Dios, fortalecido para una labor especial en contra de los enemigos de Israel. De alguna manera él se desvió del camino y pensó que este poder especial era para su propia diversión. Así fue que él asesinó a los filisteos más por su propio beneficio que por un sentir del designio de Dios. Dios le castigó por esto. Sus ojos fueron sacados, y fue aprisionado en un gran salón. Una noche los filisteos tenían un gran banquete. Ellos sacaron afuera a Sansón para ponerlo en exhibición, sin darse cuenta de que su cabello había vuelto a crecer y que con este su fuerza sobrenatural había regresado. En medio de esa debilidad, Sansón clamó a Dios talvez por la primera vez en su vida y dijo, "Señor Jehová, acuérdate ahora de mí, y fortaléceme, te ruego, ¡solamente esta vez!" Dios respondió su oración, y él fue capaz de derrumbar esas inmensas columnas a las que él estaba encadenado. Cuando él puso todo su peso sobre ellas, el edificio colapsó, y las Escrituras dicen que él hizo más daño al enemigo en su muerte que durante toda su vida. Le exalto a Dios por el hecho de que mi vida no tiene paralelo con la de Sansón en todo aspecto. Pero le pido a Él que haga mi muerte ocurrir de tal manera de que el enemigo de nuestras almas sea dañado más en mi muerte que en mi vida.

Al acercarnos a este último par de semanas, no es mi deseo el de permanecer aquí. Si Dios tiene trabajo para mí, estoy dispuesta a quedarme. Pero al examinar honestamente mi propia vida, siento que todo está hecho. Quiero terminar mi autobiografía. Quiero organizar y arreglar ciertas cosas para hacerle la vida a Dave un poco más fácil. Quiero pararme y mirar el sudeste hacia Burji y extender una bendición sobre todas esas iglesias (a su pedido). Aparte de estas cosas, yo no veo algún proyecto o trabajo extraordinario que Dios quiera que yo haga. Es un sentimiento maravilloso el acercarme al final de la vida y saber que corrí bien. He terminado la carrera, y ahora es solo un asunto de pasar de esta vida a la siguiente a través de lo que se llama la muerte.

La muerte siempre está con nosotros. Morimos en el momento en el que nacimos, y morimos cada vez que se nos niega algo, morimos cada vez que rendimos ante el Señor otro aspecto de nuestras vidas. La muerte ha estado conmigo por más de sesenta años. He estado muriendo todo este tiempo. Pero ahora estoy muriendo la última muerte física, y le alabo a Él quien dijo, "No te dejaré ni te desampararé". Repito lo que el apóstol Pablo dijo, "Estoy seguro que es poderoso para guardar mi depósito para aquel día". Cuando yo era joven, me sentaría por la piscina, alistándome para zambullirme. Tendría en mi mano mi Biblia y un cuaderno, y se los daría a alguna persona. Yo decía, "¿Podrías sostener esto por mí mientras entro a la piscina? Ellos guardarían de manera segura esa Biblia y cuaderno para que no se mojaran con el agua salpicante. Yo me zambulliría, disfrutaría la piscina, y luego saldría para encontrar ambos mi Biblia y cuaderno que habían sido guardados cuidadosamente.

Es así como me siento. Siento que estoy parada junto a una gran piscina y que he entregado todo lo que me es preciado en las manos del Señor Jesús. Mi alma, mi familia, (biológicos y no biológicos), el trabajo en Etiopía y la India, mis padres, mi esposo — todo aquello que considero preciado lo he colocado en Sus manos y le he preguntado, "¿Sostendrás todo esto mientras me zambullo?" En el momento correcto, yo me zambulliré. Saldré una nueva persona, completamente santificada, sin pecado, con visión perfecta y amor perfecto, y estaré sentada a los pies de Jesús, Aquel quien todavía guarda todo aquello que es preciado para mí. No tengo miedo de zambullirme. Hay muy pocas cosas que me gustaría terminar antes de eso. Dependiendo de mi fuerza, estas cosas pueden completarse un dos o tres días, y luego estaré sentada frente a la piscina, esperando por el momento cuando Él tome todo lo que me es preciado y me deje sumergirme.

Hablando físicamente, cada día parece que me vuelvo más débil. No puedo caminar un paso sin asistencia. Solo puedo comer unas pocas mordidas cada vez, y la náusea parece estar a mi lado constantemente. Es mucho más y más difícil tener visitantes, aunque yo ame a cada uno de ellos y esté agradecida de que vengan. Mi corazón esta calmado, aunque a veces la falta de aire naturalmente causa sus ataques de pánico. Le adoro a Dios por tales medicamentos para el dolor como Paracetamol e Hidromorfona, Compazine para la náusea, Lorazepam para la tensión, Naproxeno para los dolores generales, y numerosos jarabes para la tos. Nosotros esperaremos y veremos lo que el Señor hará en los días siguientes, pero yo creo que su llamado a saltar dentro de la piscina y sumergirme por última vez viene pronto. Y yo sé en quien yo he creído, y yo estoy segura que Él es poderoso para guardar mi depósito para aquel día.

Este es un evento que sucede solo una vez en la vida pero que absolutamente todos experimentamos. El pensar en la verdad es un constante desafío que requiere concentración. Le alabo a Él por Su Palabra. Mi esposo Dave y mis hijas, hijos, padres, y hermanos están en su propio viaje mientras pasan por esto. Es mi oración de que Dios les dará la victoria, al igual que Él me ha dado victoria. A Dios sea toda la Gloria, grandes cosas Él hará. Amén.

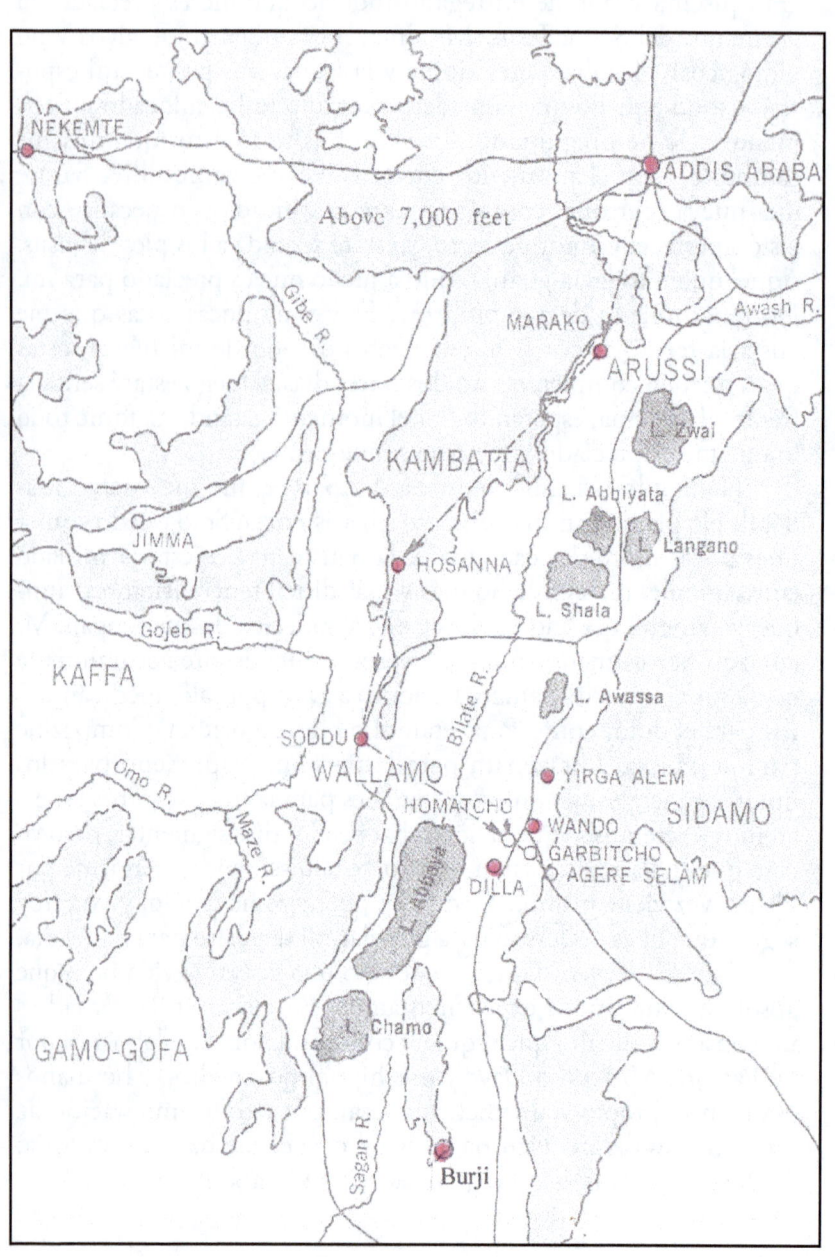

Post scríptum:
David Alan Black

La primera cosa que noté sobre Becky en aquella cola en la cafetería hace 40 años fue su caminar — callado, agraciado, elegante. Cuando ella se paró en la cola en frente de mí, en ese mismo instante supe que ella era especial. Detrás de sus lentes brillaron unos hermosos ojos azules. Una oreja, yo noté, sobresalía más que la otra. Qué linda, pensé para mí mismo. Nos conocimos, y el resto fue, como dicen, historia.

Es imposible estimar la significancia de ese primer encuentro. Dos vidas intersectadas en un momento que sucedió de "casualidad", como si el encuentro hubiese sido predestinado. (Lo fue). Becky me introduciría a la Verdad en maneras que nunca pensé posibles. Esa Verdad nos volvió libres, libres de las cadenas del Iglesianismo que los dos habíamos estado viviendo. Con la ayuda de Becky, me sentí de nuevo vivo con la realización de cuan bueno Dios es, y cuanto Él ama a las naciones. Después de todo, esa es una de las tareas de un cónyuge: el levantarnos a lo que la realidad verdaderamente es y el motivarnos a sacar la mirada de nosotros mismos y de la "buena vida" del Sueño Americano. A través de esos brillantes ojos azules lo pude ver todo por mí mismo. Yo descubrí el gozo de la amistad con mi recién-descubierta compañera en el Evangelio. Empezamos a ser dominados por el apóstol Pablo y su visión sobre las misiones independientes. Becky era particularmente talentosa en ver el futuro, y en visionar los ministerios a los que Dios finalmente nos llamaría a participar. Lidiando con la masculinidad divina, yo estaba ansioso de aprender de ella. Me sentí honrado de que Dios me haya dado un regalo tan especial. Era como si Dios hubiese creado mis oídos tan solo para oír Su voz a través de la de ella.

La mediana edad vino antes de que alguno de nosotros se diera cuenta. Luego el cáncer nos tumbó con toda su furia. Hicimos lo mejor que pudimos para entender el monstruo que estaba devastando su cuerpo. En realidad, era mucho peor de lo que habíamos imaginado. Es mucho más importante decir "confío en Ti" al Señor que decir "te amo". Becky sabía esto, y esa es la razón por la cual decidimos desde el primer día ser transparentes sobre nuestra experiencia con el cáncer. Empezamos a publicar sus ensayos sobre el tema, el último de los cuales se llamaba, "Corriendo a Casa". Al mirar hacia atrás y ver la vida de Becky y su ministerio, me acuerdo de las tres etapas en el patrón de discipulado de Jesús. En Marcos 3:13-15, los discípulos son primero que todo, llamados a estar con Jesús. Luego en Marcos 6:12-13, ellos son comisionados y enviados a la misión. Finalmente, en Marcos 6:30-31 ellos regresan a Jesús y le informan a Él todo lo que habían visto y oído. Era solo después de que habían hecho Su obra que Él les decía a ellos, "Venid vosotros aparte a un lugar desierto, y descansad un poco" (Marcos 6:31). Becky usaba este versículo para nuestro ministerio de retiro en la hacienda. Yo nunca imaginé que este versículo describiría perfectamente su propia partida hacia el descanso eterno.

Becky siempre sentía que era importante estar bien preparado para nuestros viajes misioneros a Etiopía. Ella sabía que nosotros confrontaríamos al demonio de maneras directas. Después de todo, ella era una NTC — Niña de la Tercera Cultura. Ella creció atestiguando de primera mano el impacto de la actividad demoníaca. En sus días finales ella fue asaltada directamente por el maligno. En su corazón ella sabía que solo Jesús tenía el poder de dejarla entrar al Cielo. Siendo ella Su "amiga del alma", ella pudo finalmente descansar en Sus brazos, Aquel quien lo consideraba un gozo el enfrentar el dolor requerido, para que los dos puedan caminar juntos como amigos. Por lo que yo sé, esa fue la única vez que Becky dudó de su salvación. Ella sabía mejor que nadie de sus propias fallas. Pero ella también sabía que Jesús era su Amigo, y que los amigos siempre se aman y siempre se perdonan.

Mientras que yo buscaba escucharla a ella, también buscaba escuchar a Dios. ¿Qué es lo que Él está tratando de enseñarme? Yo recuerdo la historia que Eberhard Bethge, el biógrafo de Bonhoeffer, cuenta sobre sus días en un seminario clandestino en Alemania. Cuando los dos jóvenes se distrajeron durante su larga reunión de oración silenciosa de dos horas, Bonhoeffer les diría que no luchen contra las distracciones pero que en vez de eso "Sigan su mente a donde sea que vaya. Sigue tus pensamientos hasta que se detengan, y entonces donde sea que estos se detengan, haz a esa persona o problema un asunto de oración". Durante los meses antes de su muerte, Becky y yo aprendimos a escuchar a Dios como nunca antes. Él desea estar con nosotros. Él quiere llenar nuestro vacío con Su presencia. Y eso era exactamente lo que Él ha hecho con nuestra Becky. Ella entendió a donde era que ella iba cuando falleció. Dios nos llama a cada uno de nosotros a tomar este paso de fe, para volvernos totalmente y completamente dependientes sobre Él y Sus promesas. Este es el tipo de fe infantil que hizo a Becky una mujer de Dios. Ella sabía que este viejo mundo no es todo lo que había, que un día ella se pararía ante su Juez y recibiría su recompensa. En la muerte de un cristiano, el amor de Dios se expresa en el más nítido detalle.

La mañana del sábado 2 de Noviembre del 2013, Jesús le dijo a Becky, "Ven conmigo y descansa". Su fiel labor se había terminado. En su último respiro, tuve la sensación de que yo estaba escoltando a un guerrero caído del campo de batalla. El discípulo no debería sorprenderse si, mientras que viaja en las sendas del Señor, sufre una extrema, total pérdida. Lejos de que sea algo malo para nosotros, la muerte de un conyugue puede ser el camino al crecimiento espiritual, y a la experiencia de un nuevo comienzo. Podemos confiar en Aquel que da y quita la vida. Incluso cuando la tristeza nubla nuestra visión, podemos encontrar paz al mirar al Padre de quien "Toda buena dádiva y todo don perfecto desciende de lo alto" (Santiago 1:17). Estoy aprendiendo que el mismo Dios quien me dio el regalo del matrimonio hace 37 años me ha dado ahora el regalo de la soltería. ¿Lo recibiré de Su mano? ¿Es la muerte de Becky el fin de la historia? Un millón de veces No. De la misma oscuridad emerge un rayo de luz, incluso si soy incapaz de verlo claramente. ¿Puede este matorral de espinas producir una rosa? La respuesta es Sí. De alguna manera misteriosa que no puedo explicar, Dios permite al que está sufriendo, lidiar con la soledad sin ninguna amargura. Recuerda lo que te estoy enseñando, Dave. Yo traigo vida de la muerte, ganancia de la pérdida. Si tú me lo permites, yo puedo transformar tu tristeza en gozo indescriptible.

Jesús siempre se refirió a la muerte como "sueño", un estado del cual todos nosotros seremos despertados por Él. Becky fue creada no solo para cumplir con las buenas obras por las que ella es justamente conocida, pero para más, para algo infinitamente mucho mejor, por vida eterna. Y ahora, lo que ella dejó por terminar, nosotros debemos completar. El magnum opus de Becky, su "gran obra", no fue algo que haya hecho en el campo misionero. Fue su simple confianza y fe en Aquel quien es el Magnus Salvator el Gran Salvador del mundo.

"Mantente fiel a Él, Dave", ella me diría a menudo. "Mantente fiel".

"Si, querida, lo haré".

www.ingramcontent.com/pod-product-compliance
Lightning Source LLC
LaVergne TN
LVHW021601070426
835507LV00015B/1896